Friedrich E. Vogt
Nachlese

Friedrich E. Vogt 1970

Friedrich E. Vogt

Nachlese

Zusammengetragen von
Hanno Kluge und Hermann Walz

Mit einem Vorwort von
Manfred Rommel

Silberburg-Verlag

1. Auflage 2005

© Copyright 2005 by Silberburg-Verlag Titus Häussermann GmbH,
Schönbuchstraße 48, D-72074 Tübingen.
Alle Rechte vorbehalten.
Abbildungen Seite 21, 147, 151–154: Archiv Silberburg-Verlag.
Alle anderen Abbildungsvorlagen stammen
aus dem Nachlass von Friedrich E. Vogt und aus Familienbesitz.
Umschlaggestaltung: Anette Wenzel, Tübingen,
unter Verwendung eines Fotos
von Kraufmann und Kraufmann, Stuttgart.
Druck: Druck- und Medienzentrum Gerlingen, Gerlingen.
Printed in Germany.

ISBN 3-87407-663-6

Besuchen Sie uns im Internet
und entdecken Sie die Vielfalt unseres Verlagsprogramms:
www.silberburg.de

Inhalt

9 Vorwort
Von Manfred Rommel

Von ihm

Die frühen Jahre

12 En Stuagert ond om Stuagert rom ...
13 Stuagert ond sei' Nesabach
15 Dia steile Stuagerter Stäffela
16 S kommt bloß uf d Auffassong a'!
17 Zwische'm Hauptbah'hof und 'em Schloßplatz
19 Was tät mr au ...?!
20 Was noo!
22 Ohne!
24 Hochdeutsch ond schwäbisch
26 April
27 Dichta ond Trachta
28 I freu mi!
29 Schwäbischer Ròt
30 I sag mei' Sach!
31 Schwäbische Vereinsmeierei
33 Uf was i älles pfeif!
34 Was oim schwerfällt
35 Schwäbische Hoimet

Der Sprachwissenschaftler

- 41 So kammers au macha!
- 43 Die Kröte
- 44 D Pfauzkrott

Die Täätsch-Zeit

- 45 Schwäbische Speisekarte
- 47 Zwiebelkuacha!
- 48 Beim Wei'
- 49 Schwäbische Kur
- 50 Schwäbische Nasalitis
- 51 Uf oa'mol ...
- 52 Etappen
- 54 Prädikate
- 55 So fangts älls a'!
- 55 Emmer wemmer ...
- 57 A älterer Herr
- 59 Manches
- 60 Mir zwoi
- 60 Täätschzeit

Zeit des Wandels

- 63 verwandlonga
- 64 drhoim
- 65 wia gòhts?
- 66 leba
- 67 vergleichsweis
- 68 henterefür
- 69 drzwischa

Neuzeit
- 71 Scho gsäh – scho ghedd!
- 72 D Bääbel moind
- 73 Zwoi Werdla
- 74 S Vorgärdle
- 75 Wenn amòòl ...
- 76 Mr ka' net ... I.
- 76 Mr ka' net ... II.
- 77 So ischs doch!
- 78 Wo laoft dr Karra na'?
- 79 Dr Ondrschiid
- 80 Gäuschwäbisches Zwiegespräch
- 80 Drhoimt
- 81 Dòsizza
- 82 Liabe
- 83 Herbscht II.

Die späten Jahre
- 86 Übers Älterwerda

Über ihn

Vier autobiographische Skizzen und ein Gespräch
- 97 Lebenslauf
- 101 FRIEDRICH E. VOGT
- 103 Für Thaddäus Troll als Unterlage
- 112 Herr Vogt, wie hat das eigentlich angefangen?
  *Im Gespräch mit Hans-Rüdiger Fluck,
  6. November 1973*

Vogts Kinder erinnern sich

- 121 Unsere Erziehung: autoritär, aber effektiv
  Von Margit Beilharz-Homann
- 131 »Mens sana in corpore sano«
  Von Bernd Vogt
- 135 Das Gartenfeuer
  Von Doris Vogt

Bekannte und Weggefährten denken zurück

- 137 Friedrich E. Vogt als Lehrer
  Von Manfred Beilharz
- 141 Friedrich E. Vogt und die Neue deutsche Mundartdichtung
  Von Wilhelm König
- 146 Das »i« – ein Kosmos
  Von Uta Schlegel-Holzmann

Anhang

- 150 Quellen
- 151 Bibliographie
- 157 Die Autoren

Vorwort

Von Manfred Rommel

Friedrich E. Vogt ist, wie ich, in Stuttgart geboren. Er würde 2005 hundert Jahre alt, wenn er nicht im Alter von 90 Jahren gestorben wäre, während ich noch 14 Jahre leben müsste, um 90 Jahre alt zu werden. Die Altersdifferenz von 14 Jahren schrumpft, prozentual gesehen, immer mehr zusammen, so dass schließlich fast Gleichaltrigkeit erreicht würde, wenn Gott nicht dem irdischen Dasein des Menschen ein Ende gesetzt hätte. Aus guten Gründen, wie ich anmerken darf, denn sonst wären Renten und Pensionen überhaupt nicht mehr zu bezahlen.

Im Gegensatz zu mir, der ich als Kind dem Einfluss verschiedener regionaler Kulturräume ausgesetzt war – sächsisch, hannoveranisch, preußisch, österreichisch –, ist Friedrich E. Vogt hier in Stuttgart aufgewachsen und deshalb weitaus schwäbischer geprägt als ich. Wir können stolz auf ihn sein, denn er ist einer der wichtigsten Dichter in schwäbischer Mundart und überdies der Verfasser einer schwäbischen Grammatik und eines schwäbischen Herkunftswörterbuches, das ich oft zu Rate gezogen habe.

Sein Name wird ihn lange überleben, als Wissenschaftler und als Dichter, nicht nur durch das eine Zeit lang in dieser Region fast allen bekannte Lied »Dia steile Stuagerter Stäffela«, sondern durch hunderte von Gedichten von zeitlosem Wert. Bekanntlich ist der schwäbische Raum ein günstiges Umfeld für Dichter, weil sich mehr reimt als im Hochdeutschen, zum Beispiel:

»Rinderwahnsinn – keine Chance,
hast du nur Rosenkohl im Ranze!«

So etwas geht schwäbisch, aber nicht hochdeutsch. Schiller erlag in seinen Gedichten oft der Faszination des Schwäbischen, zum Beispiel reimte er »befreien« und »bereuen«. Goethe erlag auch dem Hessischen, aber seltener, zum Beispiel reimte er in Faust II »unterzeichnen« und »übereignen«.

Die größeren Möglichkeiten bei der Reimfindung zeigen schon den Wert des Schwäbischen. Fast noch bedeutsamer ist der Umstand, dass die lateinische Sprache, die keine Nasale kannte, sich durch den Umgang mit dem Alemannischen und dem Fränkischen die Nasale angeeignet und sich so zum Französischen entwickelt hat, einer der kunstvollsten Sprachen der Menschheitsgeschichte. Das ist jedenfalls meine Theorie. Auf diese Verwandtschaft können wir stolz sein. Wir sind durchaus berechtigt, in unseren Stolz auch unsere Dichter einzubeziehen, die sich in schwäbischer Sprache artikuliert haben. Lorbeer und Schwabentum – kein Widerspruch. Phonetisch genügt das Schwäbische mehr als andere Sprachen internationalen Ansprüchen: »Alle Ma!« und »Allemand« oder »Kenn i di?« und »Kennedy« klingen völlig gleich. Sogar eine phonetische Verwandtschaft mit dem Arabischen ist nicht zu überhören, etwa wenn ein Fotograf eine Personengruppe auffordert mit den Worten: »Alle mal lache!«

Es freut mich, dass der Silberburg-Verlag ein schönes Buch von und über Friedrich E. Vogt herausbringt und ich wünsche dem Buch viel Erfolg.

Von ihm

Die frühen Jahre

En Stuagert ond
om Stuagert rom ...

Vertont von Hermann Schwander

> En Stuagert ond om Stuagert rom
> Ist s Herz vom Schwôbaland:
> Dô gilt a sonnigs Gmüet soviel
> Wia Reichtom ond Verstand.
>
> En Stuagert ond om Stuagert rom
> Hôts Bückela überaal:
> Dô gôhts nex wia berguff, bergab,
> S bleibt garkoi' andre Wahl.
>
> En Stuagert ond om Stuagert rom
> Hôts Wei'berg viel ond Wald:
> A gsonde Luft, a guater Wei',
> Dô wurd mr garnia alt!
>
> En Stuagert ond om Stuagert rom
> Hôts Brönnela viel ond stark:
> Dô trenkst drvo', dô badest dren,
> Des stärkt dr s Bluat ond s Mark.

En Stuagert ond om Stuagert rom
Hôts Mädla liab ond schee':
Hôt oiner dô sein Schatz sich g'holt,
Der will koi' andre meh!

Wer z Stuagert ond om Stuagert wohnt,
Braucht net en Hemmel nei':
En Stuagert ond om Stuagert rom,
Dô möcht i ewig sei'!

Stuagert ond sei' Nesabach

Stuagert g'hört zom Nesabach,
So ists ond so wirds sei',
Wia Heidelberg zom Necker g'hört
Ond Offe'bach zom Mai'.

Bei Vaih'nga uf de Fildera,
Dô lauft r aus em Quell,
Ond nonterwärts durchs »Kalte Tal«
Zom Necker ziahts en schnell.

Friahr ist r uf sei'm ganza Weg,
Ond au durch d Altstadt, offa,
Als Bach mit Gäns ond Enta dren
Gemüetlich a'ne gloffa.

Er sei zwôr manchmôl au, so hoißts,
Ganz wild durch Stuagert braust,
Häb d Gassa kniahoch überschwemmt
Ond übel-übel g'haust.

Ond drom, ond weil em Lauf dr Zeit
E bißle er häb »g'schmeckt«,
Hent se sei' Bett en Boda g'legt
Ond hent em d Sicht verdeckt:

Von »Häslich« bis em »Stöckich« zua
(Doch ehm ist dees egal –
Schempft mer'n doch nemme »Welzimdreck«!)
Lauft r etzt soo durchs Tal.

Dr Necker nemmt en mit zom Rhei',
En d Nordsee führt en der –
Ond manches, was dort romschwemmt, kommt
Direkt von Stuagert her!

So würzt am End dr Nesabach
Sogar de' Ozean! –
Wia sottet dô mir Stuagerter
Uf ehn koin Stolz net han?!

Dia steile Stuagerter Stäffela

Meiner Frau gewidmet
Vertont von Hermann Schwander

En Stuagert – gucket selber nôch –
Dô kletteret aus em Tal
So an de tausend Stäffela,
En d Höh nuf überaal:
    Dia steile Stuagerter Stäffela –
    Dees woiß a jedes Kend –
    Sen schuld, daß mir em ganza Land
    Halt d »Stäffelesrutscher« send!

Wenn Stuagert koine Stäffela hätt,
Nô wärs koi' Stuagert meh,
Nô wäret seine Mädla net
So schlank ond net so schee':
    Dia steile Stuagerter Stäffela,
    Dia haltet se en Schwong!
    Dia, wenn de nuff ond ronter rutschst,
    Dô bleibst jô röösch ond jong!

A Stuagerter wenn sterba muaß,
Für den isch koi' Problem:
Der steigt dr d Hemmelsloiter nuf
Zom Petrus ganz bequem:
    Dia steile Stuagerter Stäffela,
    Dia hent en soo trainiert,
    Daß er, wia wenns dr Bopser wär,
    Em Hemmel zua marschiert!

S kommt bloß uf d Auffassong a'!

oder: Der Heslacher und sein Affe

A Häslicher sitzt amôl
Mit sei'ra Frau
En dr Bierstub dronta
Em Eberhardsbau.

Se hent tüchtig gessa:
Bluatwurst mit Kraut,
Ond »Wulle« druf tronka,
Daß s besser vrdaut.

Er muaß bsonders druf achta,
Daß sei' Leib emmer offa,
Drom hôt er net bloß tronka,
Noi', scho meh – gsoffa.

Jedenfalls, wo se ganga send,
Hôt r scho gschwankt;
Bloß mit Hilf sei'ra Frau
Hôts an d Haltstell nomglangt.

Scho kommt au glei druf
Dr letzt Oi'ser drher.
Onser Häslicher will nei',
Doch dô hôt r Malheur!

Zwôr lupft en sei' Frau,
Doch er ka' sich net heba,
Ond tappt scho beim ersta Tritt
Nex wia drneba!

Dô fällts au em Schaffner uf,
Ond der moint: »Nei',
Mit so ama Affa kommet Sia mir
En da Waga net rei'!«

Was secht druf onser Häslicher
En schnellem Erfassa?:
»Siehsch, Alte, hupp ...
I hätt de doch – hupp ...
Drhoim solla lassa!«

Zwische'm Hauptbah'hof und 'em Schloßplatz

oder: Voll bestätigt

Vom Remstal ist neulich
E Baurama' komma,
Der hôt zom Ei'kauf en Stuagert
Sei' Weib mit sich gnomma.

S Zugfahra gôht era
Arg halt uf d Nerva,
Ond so hôt se von Fellbach a'
A'fanga zerfa.

Dr Bauer macht net viel:
Er hofft, dees vergôht,
Sobald dr Zug
Em Hauptbah'hof stôht.

Doch dô hôt r sich täuscht:
Sei' Weib fuddet noo!
Er möcht am liabsta
Uf ond drvoo!

Au zom Bah'hof raus
Ond d Königstrôß nuf
Hört se mit ihrem
Gebruddel net uf.

Z'letzt reißt em d Geduld –
Ja no, dees send Sacha! –
Ond kurz vor em Schloßplatz
Hôt r era halt oine bacha!

E Fremder ist grad
Henter boide gloffa,
Der hôt em d Moinong gsagt,
Ond zwôr zemmlich offa:

»Ich misch mich nicht gern, mein Herr,
In anderer Streit,
Aber hier gingen Sie
Doch wohl zu weit!«

»Dô hôsts«, secht dr Bauer
Druf zu sei'm Dracha,
»I hätt dr am Bah'hof scho
Oine solla bacha!«

Was tät mr au ...?!
Stoßseufzer eines Stuttgarters
Für Helmut Dölker

Was tät mr au, wenns Knall ond Fall
Koi' Mädle meh tät geba,
Koin Most, koi' Bier, koin Kirschagoist,
Koin Saft meh von de Reba?

Was tät mr au, wenn d uf oin Schlag
Dürftst nemme schwäbisch schwätza,
Wenn d jedes Wort em Hirn scho müaßt
Uf hochdeutsch übersetza?

Was tät mr, gäbs koin Bopser meh,
Koi' Stuagert meh drneba? – – –
I selber tät, i glaub – i tät ...
Ganz oi'fach nemme leba!

Was noo!

Für August Lämmle
Vertont von Hermann Schwander

Was nò, wenn d au koi' Geld net hòst:
Nò gòht drs scho net hee'!
Was nò, wenn d net verreisa ka'st:
S ist au drhoimda schee'!

Was nò, wenn d nex wia schaffa muaßt:
Nò rostest scho net ei'!
Was nò, wenns koin Schampagner langt:
S tuats au a Gläsle Wei'!

Was nò, hòt au dei' Hos en Blätz:
S isch besser wia a Loch!
Was no, wenn s Weib älls d Supp verbrennt:
Verdrucka muaßt se doch!

Was nò, gòhts über Nacht gschwend aus:
So ists halt, so ists gwä!
S soll jò au drüba für en Schwòb
Noh a guats Plätzle gä!

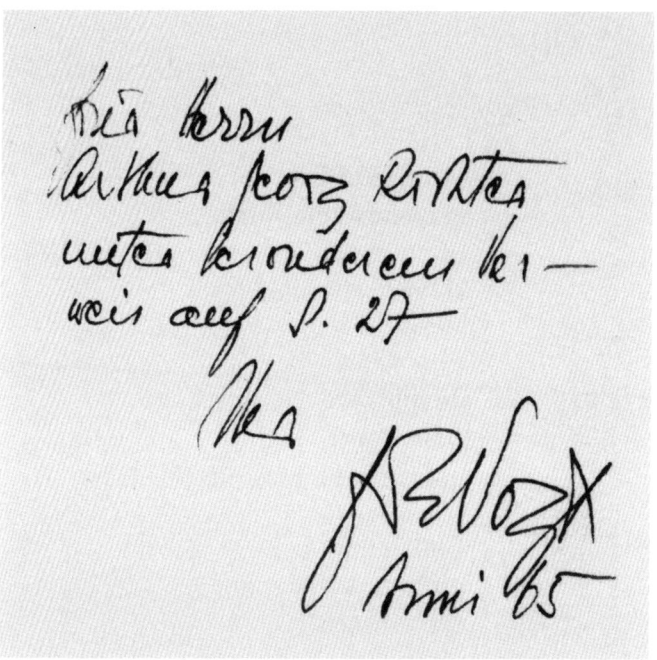

Friedrich E. Vogt liebte es, Gedichte und ganze Bücher Familienmitgliedern, Freunden, verehrten Personen oder ganz einfach Prominenten zu widmen. Er konnte dann ein Buchexemplar mit entsprechendem Vermerk verschicken, wie hier »Schwäbisch, gewürzt und gespickt« an Arthur Georg Richter, dem er darin zum 60. Geburtstag sein Gedicht »Am laufenda Band« verehrt hatte.

Ohne!

Für Wendelin Überzwerch

Ohne Geld
gibts nex zom Kaufa,
Ohne Füeß
ka' mr net laufa.

Ohne Gras
dò gibts koi' Heu,
Ohne April
gòhts net en Mai.

Ohne Luck
gibts au koi' Fenster,
Ohne Angst
gibts koine Gspenster.

Ohne Maul
ka' koiner schwätza,
Ohne Fleck
ka'st nex verblätza.

Ohne Schnur
dò gibts koin Bobbel,
Ohne Halbe
au koi' Doppel.

Ohne Schmalz
ka'st net guat brotzla,
Ohne Sacktuach
net a'ständig rotzla.

Ohne Milch
dò gibts koin Butter,
Ohne Bibel
koin Martin Luther.

Ohne Pfarrer
gibts koin Hemmel,
Ohne Glock
gibts koi' Gebemmel.

Ohne Schnee
koin rechta Wenter,
Ohne Fehltritt
koine Sünder.

Ohne Sau
dò gibts koin Schenka,
Ohne Hirn
ka' mr net denka.

Aber ohne arg viel Donst
von irgenda'ra Staatsmannskonst –
Bloß mit Gsangbuach
ond Vetterlesgonst! –
ka's dr Krömmst vo' Burladenga
heut bis zom Minischter brenga!

Hochdeutsch ond schwäbisch

(Ein Bekenntnis)

Wenn i hochdeutsch schwätz,
   nò ben i em Denscht,
schwäbisch schwätz i
   privat:
dort schmeckt mei' Red nòch Amtsto',
   klengt gschraubt ond kariert,
dò ist älles oi'fach
   ond grad.

Dò pflatschts,
   ond dort läbberts.
Dò bomberts,
   dort schepperts.
Dò kommts wia Orgelbrausa drher,
   dort wia Klaviergeklemper.
Dò stòht, o'gschmenkt,
   a saubers Kröttle
      em Mai vor mir,
dort a Pelzlesmadam
   em Dezember.
Dort komm i mir vor
   wia em Bròòtarock
oder en
   Kommißklamotta.

Dò stand e hemdärmlig
  em Werktagshäs,
ond s ist mr nex z bhäb
ond nex bschnotta.

Hochdeutsch stacks e mei' Zeugs raus,
  bröckelesweis,
schwäbisch lauft mrs wia gschmiert,
  uf oi'n Schub.
Hochdeutsch storch e, wia uf Stelza,
  durch en Salo',
schwäbisch schlurk e gmüetlich,
  en Schlappschuah,
    durch mei' Stub.

Hochdeutsch ma'g i net ond –
  i ka's au net guat!
Drom – ond wenn de me
  rückständig fendst:
I schwätz schwäbisch,
  so oft ond wo emmer i ka',
hochdeutsch höchstens:
  em Denscht!

April

(impressionistische Skizze)

Küehl ists, ond tiaf hangt
Dr Hemmel en d Strößa,
Seit era Stond tuats regna
Ond blòsa.

An d Läda wetterts,
Uf d Ziagel klopfts,
Ond von de Dachrenna ronter
Tropfts.

An d Scheiba trommelts,
Ufs Trottwar pflatschts,
Ond bei dem, wo druf romtappt,
Patschts.

S ächzt en de Bälka,
S pfeift durchs Kamee',
An Bloamatopf packts, der verknallt
Ond ist he'!

Ond i stand am Fenster,
Guck ällem so zua,
ond fend én dém Spektakel –
Mei' Ruah!

Dichta ond Trachta

»Etzt saget Se«, fangt neulich doch
mei' Nòchber mi a' z fròga,
»Worom teent Sia denn eigentlich
sich soo mit Schreiba plòga?

Mit dera Verslesmacherei
läßt sich doch gwiiß nex erba;
dia Dichter teent doch älle au
recht armetselig sterba.

Was hòt denn onser Schiller ghet?
Nex z beißet ond nex z lebet.
Was nò, wenn se n au hentadrei'
bis nuf en Hemmel hebet!

Dò hòt r doch nex meh drvo'.
Was nützet Ruhm ond Ehra?
I möcht scho ebbes Habhafts han:
mei' Geld ond Guat vermehra!

Teent Se wia i a Ständle ei',
ond teent Se dees verpachta.
Ond lasset Se des Schreiba sei':
net dichta müaßt Se ...: trachta!«

I freu mi!

I freu mi übern Sonnaschei',
über d Sterna ond da' Mond,
i freu mi ama Bloamastock,
ama Kätzle, ama Hond.

I freu an saubre Mädla mi,
ama Liad em Gsangverei',
i freu mi, wenns ans Essa gòht,
ond ama Fläschle Wei'.

I han a Freud am Kirbetanz,
a Freud au an mei'm Bett – – –
Bloß übers Steueramt ond so,
dò freu i mi grad net!

Schwäbischer Ròt

Reg de net uf, wenn uf dr Welt
　　net älles gòht, wia s sott:
Wills hüst-nomm ebba garnet sei',
　　ja no, nò fährst halt hott!

Laß dr no' Zeit! En Ruah, dò gòht
　　dr s Gschäft leicht von dr Hand:
Wenn d ao en harta Möckel hòst,
　　ka'st net drmit durch d Wand!

Schwätz net so viel, ond ehb de schwätzst,
　　bedenk dei' Red genau!
Ond wenn dr oiner saudomm kommt,
　　denk bloß: Ond du mih ao!!

I sag mei' Sach!

Für Altministerpräsident Dr. Reinhold Maier

I ben a Schwòb – i moi', mr merks,
I ben entsprechend baut! –
I sag mei' Sach, so wia e s denk,
Sags älle, ond sags laut.
Des Hentaromgelei'sel fällt
Bei mir entschieda flach,
I ben net hehlengs uf dr Welt,
A'a', i sag mei' Sach!

Stellt mir mei' Alte Spätzla na',
Wo z dalkig send ond z dick,
Nò schiab i nòch em ersta Buuß
Energisch s Teller zrück.
Ond sag – i wart koi' Ausred ab,
Koi' Eieiei! koi' Ach! –
Ond sag: »Dees ka'st de Säu nei'toa'!«
Wia gsagt: I sag mei' Sach!

Wenn i en mei'ra Stammboiz sitz
Mit meine Freund beim Wei'
Ond ein Hereingeschmeckter mischt
En onser Gspräch sich ei'.
Nò ròt i arg zur Vorsicht, denn
Mir send em Nemma schwach:
S könnt sei', daß i ehn tonka müeßt!
Denn i, i sag mei' Sach!

Ond weht mir en dr Politik
Zua schwarz von Bonn dr Wend,
Nò regt wia en ema Tiger sich
Mei' Schwòbatemperament.
Nò schlag i, wia mei' Landsmann Götz,
Ganz donderschlächtig Krach:
Obs dene paßt oder ao net,
Egal: I sag mei' Sach!

Schwäbische Vereinsmeierei

Auf Schallplatte (»Willi Reichert führt durch das Schwabenland«) gesprochen

A echter Schwòb – des muaß so sei' –
Ghört o'bedengt en en Verei'.

Ond weil a echter Schwòb i ben,
Ben i glei ema Dutze'd dren:

I ben, und de-st a Grond zom Stolz,
Vorstand vom Kegelklub »Gut Holz«.

I han en Vogel ond en Hond,
Ond zahl drom en da' Tierschutzbond.

I seng seit zwanzg Jòhr als Tenor
En onsrem gmischta Kirchachor.

Em Turnverei', dò führ i d Kass,
D Chronik vom Schwemmverei' »Batschnaß«,

Spiel en dr Stadtkapell d Trompet,
Radel en dr »Solidarität«.

Dr Albverei' ghört ao drzua,
Weil sonntigs i gern wandere tua.

I führ en onserer Gwerkschaft s Wort,
Em »Pfeifleskranz« da' Rauchrekord.

Mit meim Zwölfhonderter VW
Zähl i ao zom ADAC.

Han gsorgt ao für mei' letzte Stond:
Ben Mitglied vom »Bestattongsbond«.

Etzt aber, glaub e, langt mrs nò:
Mei' Weib ist nämlich ao noh dò!

Uf was i älles pfeif!

Für Sebastian Blau

I pfeif ufs Geld ond d Politik,
I pfeif uf d Weiberleut,
I pfeif uf Blech- ond Jazzmusik,
Pfeif uf de heutig Zeit ...

I pfeif uf Titel ond Diplom,
Uf Bändel ond uf Orda,
I pfeif uf Klatsch ond Lettagschwätz,
Uf Schlagrahm ond uf Torta ...

I pfeif uf Cutaway ond Frack
I pfeif ufs Schicksal – doch:
I pfeif zom guata, guata Glück
Net uf em letzta Loch!

Was oim schwerfällt

Net ällaweil em gleicha, alta
    Fahrwasser mit de andre schwemma,
So daß oim s Tagwerk scho am morgens
    aus em Hals raushenkt;
Amòl zeah' Klemmzüg macha
    ond a Zentnerhantel stemma,
Statt daß mr bloß sein Wammest pflegt,
    Glemmstengel pafft ond d Gurgel
schwenkt.

Dra' denka, daß mr ama schöna Tag
    muaß d Platta putza,
Ond daß dr Lada, ohne oin,
    doch grad wia vorher weitergòht;
Ond wissa, drüba ka' koi' Scheckbuach
    ond koi' Vetterle oim meh nutza,
Wenn s Herz-ond-Seelakonto, überzoga,
    uf em Minus stòht.

Ond ei'seh, daß de jetzt
    uf positiv sottst schalta,
Damit für di ond dei' Omgebong
    s Leba leichter wär,
Ond daß mr öfter sott sei' Maul
    ond überhaupt meh an sich halta:
Jaja, dees woiß ao i –
    dees fällt oim schwer!

Schwäbische Hoimet

Herrn Direktor Fahrbach zugeeignet

Woo d na'gòhst, ond wärs bis nòch China:
D Hoimet dia lauft drneba mit.
Ziagst los mit Siebameilastiefel:
Se hält ao nò noh mit dr Schritt.

Ond tuast de draußa nooh so om,
Gibst ällem, was dr neu ist, nòòch,
Hòst anders Gschirr, trägst andre Kloider
Ond schwätzst am End a andre Spròch:

Egal – wia de ao stellst zor Fremde:
Dei' Schwòbaherz macht »halb ond halb«:
Du siehst en jedem Bach da' Necker
Ond henter jedem Buckel d Alb.

Der Sprachwissenschaftler

Friedrich E. Vogt war nicht nur produktiver Mundartdichter, er stellte auch Nachforschungen zu Sprache und Dialekt an. Bei Karl Bohnenberger in Tübingen hatte er 1929 über »Die Mundart von Deufringen und Umgebung« promoviert. Sein reicher Wissensschatz war der Fundus für das wegweisende Buch »Schwäbisch in Laut und Schrift«, erschienen 1977 im J. F. Steinkopf Verlag, das vor allem den Poeten der so genannten neuen schwäbischen Mundart zur »ergründenden und ergötzlichen Sprachlehre« wurde. Was einer breiten Öffentlichkeit bislang eher verborgen blieb, soll hier nun anhand einiger Kostproben gewürdigt werden.

Am 29. Mai 1968 erschien in der Heimatbeilage »Aus Schönbuch und Gäu« der »Kreiszeitung Böblinger Bote« ein zweiseitiger Artikel zum Thema »Stirbt unsere Mundart aus?«, aus dem wir den Anfang zitieren wollen.

Wer, wie ich, die Möglichkeit hatte, nun schon mehr als ein halbes Jahrhundert lang die heimische Sprache gerade auch in den Orten unseres Kreises Böblingen zu beobachten, zu vergleichen und zu ergründen, der kann eines mit Bestimmtheit sagen: es wird schon weithin anders gesprochen als früher. Aber was bei uns gesprochen wird, klingt deshalb immer noch typisch schwäbisch, ist anders als das Schwäbisch in anderen Gegenden unseres Landes, anders als das Deutsch aus dem Munde von Zugezogenen, anders auch als das Deutsch, das man in Schule und Amt spricht, anders vor allem auch als das Einheitsdeutsch, das – von einem Professor Siebs in einem dicken Lexikon niedergelegt – von Schauspieler(inne)n auf unseren Theaterbühnen, von Sprecher(inne)n aus dem Rundfunkapparat oder auf dem Fernsehschirm gesprochen wird. Wohl hat sich unsere heimische Mundart in Richtung auf die zuletzt genannten Sprechweisen hin gewandelt, genauer gesagt: zu einem Teil gewandelt. Sie ist aber keinesfalls in ihrer Eigenart ausgestorben. Und sie dürfte das auch, solange die Sprachentwicklung wie bisher weitergeht, in Zukunft nicht tun.

Am 29. Dezember 1969 hielt Friedrich E. Vogt ein Referat zur »deutschen Mundartdichtung und ihrer Rolle insbesondere im Bereich der Lyrik« auf Schloss Dhaun im Hunsrück, das später im Mitteilungsblatt der Heimvolkshochschule, »dhauner echo«, abgedruckt wurde. Hier ein Ausschnitt:

Zunächst ist dabei die Vermutung abzutun, die Mundartdichtung stamme als »volks«sprachige auch direkt von den volksnahesten Vertretern, dem einfachen Bauern oder Kleinbürger. Der schwäbische Linguist Hermann Fischer hat sich so ausgedrückt: »Der Ungebildete oder Halbgebildete spricht wohl Dialekt, aber er schreibt ihn nicht.« Der ebenfalls schwäbische Poet, Journalist und Humanist Sebastian Blau formuliert das noch lakonischer: »Wer Mundart spricht, der schreibt nicht.« Ich möchte mich mit aller Deutlichkeit so fassen: »Wer sich in seinem Leben allezeit und überall der Mundart bedient, der dürfte so beschaffen sein, dass er nur widerstrebend eine Schreibfeder in die Hand nimmt, und falls er es doch einmal tut, tun muss, dann sicher nicht, um zu dichten.«

Die Volksnähe zeigt sich bei den Mundartdichtern indes sehr wohl darin, dass sie zumeist wenigstens Abkömmlinge aus ländlichen bzw. kleinbürgerlichen Familien waren bzw. sind; oder dass sie doch lange Zeit ihres Lebens engste Verbindung zu solchen hatten, dabei aber für ihre Person von dem Streben geleitet wurden, es zu einem sozial höheren Stande zu bringen. Von einem bestimmten Zeitpunkt ab sind nahezu alle unter die Intellektuellen einzureihen.

Schon früh beschäftigte sich Friedrich E. Vogt mit einer ganz besonderen Mundart, der Sprache der Waldenser. Etwa 3000 wegen ihres Glaubens vertriebene Waldenser waren im Jahr 1699 in Württemberg, in Baden und in Hessen aufgenommen worden. Ihre Umgangssprache, das »Patois«, war eine ins Italienische hineinspielende südfranzösische Mundart, die nur im persönlichen Umgang gesprochen, aber nie geschrieben wurde. Als offizielle Sprache in Amt, Kirche und Schule mussten die Waldenser Französisch verwenden. Daneben blieb auch das Patois lebendig. Je mehr sie aber in ihre deutsche Umwelt hineinwuchsen, desto schneller schwand die Mundart der Vorfahren. In den zwanziger Jahren unternahm es Friedrich E. Vogt, alles von der sterbenden Mundart noch Erreichbare zu sammeln. Davon zeugen die 1969 erschienene Schallplatte »So sprachen die Waldenser« und einige Aufsätze von Friedrich E. Vogt, etwa in der »Schwäbischen Heimat« (Heft 5/1950), in »Der Schwarzwald« (Heft 1/1974) oder im Schwäbischen Heimatkalender 1987.

Aus einem Skript von Friedrich E. Vogt vom April 1950 anlässlich der Jubiläumsfeiern der Waldenser – Titel: »Welsche Dörfer, welsche Namen und welsche Sprache in Württemberg-Baden« – entnehmen wir das Vaterunser in der einfachen Form:

Paire dai själ! Tung nung la vénta ke priéng. Ta bälita vére vär nu. So ke tü vori la vénta k ung fáse sü se munt kum ai själ. Dúra nu noter pang enköi kome tü li dschurn. Sundscha pa a noteri petschá, kusi nu pardung a noteri parent. E méra nu pa din l abandung. Adschüa nu fóre dai tschagring. Lu själ e la tära e la forsa ä téu. Amen!	Vater des Himmels! Deinen Namen müssen wir anflehen. Deine Herrlichkeit komme zu uns. Das, was du willst, müssen wir tun auf dieser Welt wie im Himmel. Gib uns unser Brot heute wie alle Tage. Denke nicht an unsere Sünden, wie wir vergeben unseren Nächsten. Und führe uns nicht in die Verlassenheit. Hilf uns heraus aus dem Kummer. Der Himmel und die Erde und die Kraft ist Dein. Amen!

War Friedrich E. Vogt ab 1969 auch auf Toncassetten zu hören, so tauchte sein Name schon wesentlich früher im Süddeutschen Rundfunk auf. Unter anderem auch mit seinen »Surrealaden«, aus denen wir nachstehend einen Auszug abdrucken.

1. Sprecher:
»Surrealaden« nennt Friedrich E. Vogt, ein Nachfahre von Morgenstern und Ringelnatz, seine lustigen Verse, mit denen wir Sie heute bekannt machen wollen.

Wie der Name sagt, handelt es sich hier um Dinge, von denen sich unsere Schulweisheit nichts erträumt. Wir bitten Sie daher, verehrte Hörer, wenigstens für kurze Zeit die Fesseln der Logik abzustreifen und dem Kerker der Wirklichkeit zu entrinnen. Jenseits des Gefängnisses wartet eine Welt von Wundern und ungeahnten Möglichkeiten auf Sie.

Sie zögern? Sie fürchten sich zu verirren? Seien Sie unbesorgt! Achten Sie nur auf die tiefere Bedeutung der Worte, die Sie täglich sorglos verwenden, und Sie werden in unserer Sprache einen sicheren Wegweiser haben. [...]

2. Sprecher:
Der Gedankenstrich

Es war ein Dichterling gar sehr
neuen Gedanken hinterher,
allein:

zu selten fiel ihm etwas ein.
Doch eines Tages fand er das Verfahren.
Und heiter wurde, wie noch nie seit Jahren,
seine Miene:

Er tippte fein und säuberlich
einen *Gedankenstrich*
auf der Maschine.

Dann hat mit dem Radierer er
den *Strich* zu Staub zerrieben.
Den Staub, den blies er in die Luft –
und die *Gedanken* blieben!

Und was machte der Mundartdichter Friedrich E. Vogt aus diesen Gedanken? Wir zitieren aus dem Büchlein »Bsonders süffige Tröpfla«, erschienen 1974 im Verlag Karl Knödler, Reutlingen:

So kammers au macha!

A Dichter
gárnet mit sich zfrieda meh
(seine Gedanka send passee!)
kommt ama schöna Tag
uf a ei'leuchtende
Idee:

Er tippt uf sei'ra Schreibmaschee
fei' säuberlich –
a paar Gedankastrich.

Nò hòt r
mit ema Radiergommi
dia Strich
zo Staub
verrieba,
den Staub en d Luft nufblòsa ond –
d Gedanka
send m
blieba.

Zum 80. Geburtstag von Friedrich E. Vogt erschien im J. F. Steinkopf Verlag, Stuttgart, das Buch »Die kleine Menagerie«. Eine Sammlung aus den Anfängen, »als ich«, wie Vogt selber sagt, »noch hochsprachlich ausgerichtet war und weithin, nach damaliger Mode, morgensternisch, ringelnatzisch, kästnerisch und so orientiert war; ich nahm damals eine ganze Anzahl kleiner Tiere unter die Lupe und brachte sie in Beziehung zu mir.« Ein Achtzigjähriger entdeckt seine »Fingerübungen«.

Neben dem »Gedankenstrich«, dem wir dort auf Seite 41 wieder begegnen, steht auf Seite 28:

Die Kröte

Am Waldrand sitzt eine Kröte
auf einem Erdhügel drauf.
Immer wieder entringt sich ihr ein »Quak«.
Doch ihr Maul macht sie dabei nicht auf.

Sie lässt nur Luft in die Kehlbacken rein,
und schon ertönt das Quaken.
Und ich klappe dauernd mein Mundwerkzeug
auf,
will ich jemandem etwas sagen.

O Tierlein, wie hast es du doch bequem!
Was sparst du dir Kräfte ein!
Ich möcht', käm' ich wieder einmal auf die Welt,
doch auch eine »Pfauz«kröte sein!

Wir blättern im »Poetischen Schwabenelixier«, erschienen 1953 im Bechtle Verlag, Esslingen, und entdecken auf Seite 26:

D Pfauzkrott

oder: Seelenwanderers Herzenswunsch

Am Gartazau', dô sitzt e Krott,
Grad uf mei'm Kompost druf,
So ab ond zua dô secht se »quack«,
Doch macht se s Maul net uf.

Se läßt bloß Luft en d Gurgl nei',
Nô kommt au scho dr To':
Ond i, wenn ebbes saga will,
I muaß mei' Maul ufdo'!

O Tierle, wia hôst du s bequem,
Du sparst dr Kräfta ei'!
I möcht, käm wieder i uf d Welt,
Doch au e Pfauzkrott sei'!

Die Täätsch-Zeit

Schwäbische Speisekarte

Knöchla
Sauerkraut ond Spätzla
Niernla, Kuttla
Kipf ond Brezla

Griabawurst
ond Peitschastecka
Schwartamaga
Laugawecka

Gaisburger Marsch
viele Salätla
Blonza, Soitawürstla
Flädla

Schneiderfleck
ond Zwetschgaschnitzla
Metzelsupp
ond Buabaspitzla

Ochsamaulsalat
ond Rippla
Pfannakuacha
guate Süppla

Oierstich
Pfitzauf, Mutschla, Sääla
Ofaschlupfer
brennte Mehla

Guatsla
Hefakranz ond -zöpfla
Fasnetsküechla
Gsälz ond Knöpfla

Leberspatza
Brät ond Sooß
Maultascha, Dampfnudla
riesagroß!

Guglopf
Sprengerla
ond Waffla
Leber-, Bachstoi'-, Luckeleskäs ...

Älles dees,
en Abständ gspachtelt,
ist ons Schwòba
»artgemäß«!

Zwiebelkuacha!

I eß oms Leba gern en röscha Zwiebelkuacha,
ond trenk drzua en neua, räßa Wei'.
Solang s dees gibt, brauchst òbends mi net suacha:
I ka' bloß en era Besawirtschaft sei'.

Dò sitz e dren, ganz z henterst dren em Eckle,
dò, wo dr dicke Kachelofa stòht,
so daß mr d Wärme von de Füeß a' nuf
bis an da' Buckel ond an d Anka gòht.

Dò mampf ond schlotz e, o, i ka's net saga,
wia guat dia Mischong uf dr Zong mr schmeckt:
Schmalz, Salz ond Kümmich, Rahm ond Zwiebel
i han en feinera Guuh noh nia entdeckt!

Drei Stückla iß e, trenk drzua drei Gläsla:
Nò han e gnuag. Nò dös e vor me na',
ziag aus dr Tasch mei' Pfeifle raus,
tua Tabak nei' ond zend mr s a'.

Etzt könnt de ganz Welt zammafalla,
i tät net mucksa ... denn i hätt
doch grad zom Schluß mei' Pfeifle noh,
mei' Wei'le ond – mei'n Zwiebelkuacha ghet!

Anka = Genick

Beim Wei'

Wenn i a Wei'le schlotz,
därf des koi' Sauerampfer,
koi' Rachaputzer
ond koi' Semsakrebsler sei'.

A'a'! I will a Wei'le
mit ema Bodagfährtle,
mit ema Schwänzle
henterdrei'!

Ond wenn a sottigs Wei'le
en mih nei'lauft,
langsam,
Schluck om Schlückle,

mit nex drzua
(als halt
vielleicht
a Brezelstückle) –

narr, nò ben i
dr seligst Mensch
uf Gottes
Erda.

Nò ka' mir älles:
Weibsleut, Gschäft ond Politik
ond s ganze Laßmeaomit om oin rom
glatt gstohla werda!

Schwäbische Kur

Wenn mir amòle faulmüed send,
wenn mir da' Rappel hent,
wenn de ganz Welt
samt ihrem Häcklapaasch
ons kreuzweis könnt,
dò gibts als Gegamittele
für ons Schwòba,
ebba oi's
am End:
A Medizin
wo schnell ond sicher wirkt
vom Ei'gwoid aus
bis naa en d Füeß
ond nuff ens Kappadach
(alias »Köpfle«):
a guats,
a sauber ausbauts
em oigena Ländle zoges
Tröpfle.

Häcklapaasch = Umtrieb (aus dem Franz.: équipage)

Schwäbische Nasalitis*

Uf ema o'a'gnehm
grea' a'gstrichena
A'läglesbänkle
en dr o'a'gnehm
knallicha
Sommerhitz sitza,
ema o'a'gnehm enga
A'zügle schwitza,
desdrwega bei sei'm A'hang
em A'bandla abblitza:

Wenn a sottigs O'gmach
über oi'n käm,
des wär oi'm
o'gemei'
o'a'gnehm.

*) *im mittleren Neckarschwäbisch werden gewisse Vokale und Diphtonge, wenn sie vor Nasenlaute zu stehen kommen – unter Wegfall derselben – genäselt. Es freut uns, daß die Franzosen und die Portugiesen es genau so machen!*

Uf oa'mol ...

(in Alt-Deufringer Mundart)

Uf oa'mòl hòts a-n-End
(viel z ball)
mit Früehleng,
Schlajablüegets
on Badenka.

Uf oa'mòl sen se furt:
dei' Jugetzeit,
deine blitzheale Gucker,
deine Rollahòòr.

Uf oa'mòl ist älles
vrbei,
ist älles nemme dò
on nemme wòhr.

Doch:
wenn dr no' noh ebbes
e de Na'safliigl bleibt
on e de Augawenkl,
wenn drsch noh dee'kt,
wenn de noh oa'mech schwätzst,
noh ämml troomst drvoo,
nò isch a Zoacha:

s ist au äwweil ema-n-Eck,
em Hearza henna denna
a weng vo ällem
noh.

Schlajablüegets = Schlehenblüten
Badenka = Schlüsselblumen
oa'mech, mhd. einwâ = irgendwo
ämml = allemal, gelegentlich

Etappen

Wia hemmer zor Muater,
mit 5, gsagt als Kend?:
»Mama, du woißts,
komm, sag mrs doch gschwend!«

Mit 15, dò secht mr
en schnippischem To':
»O Mutti, dò verstòhst du
bestemmt nex drvo'!«

Hòt mit 20 se ons tadelt,
nò hemmer bloß glacht:
»Des hòst du en mei'm Alter
grad a'so gmacht!«

Ond hòt se mit 25
seelisch ons gwalkt,
hoißts: »Dei' A'sicht, Muater,
isch zemmlich verkalkt!«

Mit 30, dò moint mr
ganz fra'schema':
»Des gòht mei' Muater
garnex a'!«

Erst wenn s Schwòba-Alter
sich ei'gstellt hòt,
nò kommt mr mit: »Muater,
ih brüücht heut dei'n Ròt!«

Mit 50 hòts nommòl
anderst ausgseh:
»Ists zo Deiner Zeit, Muater,
denn ao scho so gwä?«

Ond wenn s Leba, mit 60,
oi'n beutelt ond schlaucht,
moinst: »Wia guat, daß dees d Muater
net mitmacha braucht!«

Ond verlebt mr da' Siebzger,
nò seufzt mr am End:
»O, wemmer no' d Muater
noh fròga könnt!«

Prädikate

Hòt mr em Schwòbaland
älls wieder a Jòhrzehnt beinand,
nò hòt mr älls ao für sein Status glei a passends Prädikat
parat:

Mit 40 sei s soweit:
dò werd mr
gscheit!

Wemmer da' 50er uf sich häb,
nò sei mr
bhäb!

Tä sich dr 60er zoiga,
nò werd mr
oiga!

Häb mr da' 70er henter sich,
nò stemm des Beiwort
»bruddelich«!

Was oim mit 80 blüeht?
Dò sei mr ebba meistens:
müed!

So fangts älls a'!

Wenn de d Brill uf dr Na's hòst
ond de suachst se em Sack,
wenn de d Pfeif mit Zigore stopfst
ond moinst, s sei Tabak ...

Wenn d da' Regaschirm ufspannst
ond von Rega isch koi' Spur,
wenn d da' Sockahalter oms Gäder bendst
ond om d Wad rom dei' Uhr ...

Wenn de Äpfel vom Baum langst
ond s hòt garkoine dra' ...
Au, nò paß bloß uff,
woißt: soo fangts älls a'!

Zigore = Zichorie
Gäder = Geäder, Handgelenk

Emmer wemmer ...

Emmer wemmer denka muaß,
sott mr an d Stirn sich klopfa,
emmer wemmer spaziera gòht,
sei'm Schatz a Blüemle zopfa.

Emmer wemmer lüega will,
sott mr uf d Zong sich beißa,
emmer wemmer narret wurd,
a stärchs Papier verreißa.

Emmer wemmer sichs leista ka',
sott mr a Fläschle trenka,
emmer wemmer zo Geld kommt, sott
mr ao an andre denka.

Emmer wemmer lustig ist,
sott mr a Liadle senga,
emmer wemmer en Dampf druf hòt,
da' Kopf ens Wasser hänga.

Emmer wemmer Trüebsal blòst,
sott mr a Späßle macha,
emmer wemmer en Letta schwätzt,
sich selber oine bacha.

Emmer wemmer älter wurd,
sott mr vernönftig werda ...
Ja, wemmer emmer äll dees tät,
wärs gmüetlicher uf Erda!

(vertont von Alfred Kluten)

A älterer Herr

Er hebt no emmer gern
a süffigs Tröpfle
an sei'm Stammtisch-Eckle,
er lauft noh stramm drher
durch d Stadt:
manchmòl zwòr mit em Stöckle.
Er sitzt endessa öfter ao,
wo sichs grad gibt, amòle na':
weils nòcher besser weitergòht.
Er trägt a Brill natürlich ond en Huat:
weil s Augalicht ond ao dr Hòòrwuchs
doch scho ebbes 'lòòt'.

Er nemmt sich für da' Tag
so ällerhand noh vor:
meh wia mr glaubt!
Er dreht ao gern so hia ond dò
sich nòch ema jonga Kröttle om.
Worom denn neta?
S Gucka isch erlaubt!

lòòt = bauernschwäbisch: nachläßt
Kröttle = junges Mädchen
neta/net = nicht

Manches

manches
könnt mr
ond möcht mr:
aber to'
tuat mrs net

zwoar
oft wißt mr,
was mr to' tät:
wemmer dürft
ond wemmer hätt

ond
oft wißt mr au
was mr to' sott:
wemmer möcht
ond wemmer wott

*Eine handschriftliche Fassung des Gedichts »Manches«
ließ Friedrich E. Vogt zum Verschenken auf Büttenpapier
vervielfältigen.*

Manches

(für Erika)

Manches
könnt mr
ond müeßt mr:
aber to'
tuat mrs net.

Zwòr
oft wüßt mr
was mr to' tät:
wemmer dürft
ond wemmer hätt.

Ond
oft wüßt mr ao,
was mr to' sott:
wemmer möcht
ond wemmer wött.

Mir zwoi

Du bisch net i,
i ben net du.
Ond mr sen boide ao net
sui ond er.
Doch nemmt a jeds
a bißle ebbes a'
vom andra,
ond gibt von sich
a bißle ao
em andra her.

Wenn s net so wär,
könnt koi's ens andre
nei' sich denka,
ond s Zammaleba gäängt
ganz gwiiß
nommòl so schwer.

Täätschzeit

(Jeremiade eines Pensionärs)

I han gmoint, i könnt mein Ruhestand gniaßa,
dò hätt i s doch ao amòl schee'.
Jò Dreckle! statt pensioniera sott mr oi'n verschiaßa:
I merk, daß e bschissa be'.

Liabe Leut! I han glaubt, etzt sei s rom, s Strapleziera,
Etzt könnt endlich i to', was mr paßt.
Noi', etzt bist en dr Täätschzeit,
etzt tuat s Weib dirigiera,
etzt bist dr Geh-her-da, etzt wirst gschaßt.

Kaum hebst morgens am siebne
dei'n Täätz aus m Haipfel,
nò ist se ao scho parat:
»Täätsch net du amòl heut
onser Káffeele macha? –
I fühl me a bißle malad.«

No, des gòht noh,
des macht mr, mr ist Kavalier:
wenn se maudert, nò hilft mr r halt.
Aber ao, wenn era nex fehlt: dr Ma' ist doch dò!
Des merkt sui ond merkst du zemmlich bald:

»Täätsch mr net amòl dò den Garnbobbel heba ...
täätsch mr nòchher en Herd nei' a Brikétt ...
täätsch mr heut noh
em Lädle ebbes Suppagrün hola,
ond beim Metzger a Siadfloisch, net so fett ...

Täätsch mr net gschwend
den Briaf dò en Schalter nom traga,
ond drbei glei da' Kutteroimer naus ...
Täätsch mr net für a Weile den Toig dò verrühra,
oder führst liaber s Nerole aus?

Täätsch mr net von dem Heft dò
des Muster durchpausa;
aber vorher holst em Gärtle noh Spenat ...
Täätsch mr net heut wieder beim Spüela helfa ...
Etzt verklopfst mr noh gschwend den Schoklad ...

Täätsch mr net vielleicht ao noh
s Eßzemmer blocka ...
Täätsch mr dees,
täätsch mr jenes,
täätsch, täätsch ...«
des halt i net aus, s nemmt oi'fach koi' End
ihr Repertoire uf dr Räätsch!

Etzt bleibt mir bloß oi's:
Gòht dui Kirbe so weiter,
nò gang i ufs Arbeitsamt nom
oder meld uf dr Stadt mi als Aushilf em Tagloh':
des »Getäätsche« drhoim isch mr z domm!

Täätz = frz. tête, Kopf
täätsch = tätest du?
Haipfel = Hauptpfühl, Kopfkissen
Kirbe = Kirchweih, Umtrieb

Zeit des Wandels

verwandlonga

aus ema krois
wurd koi' quadrat
aus bachstoi'käs
wurd koi' schoklad

aus ema grupfta
wurd koi' gscherter
aus ema bachel
koi' gelehrter

a kloiner schnòkahuaschter
wurd net mir nex dir nex groß ond stark
aus ema pfennich
wurd net so em handomdreha a mark

wohl aber wurd
aus ema bißle liabe
manchmòl a zentnerkischt voll haß
a faß voll ernscht
aus ema fengerhüetle spaß
aus era monzicha spannong
oft a wettermäßiger krampf
aus ema häfele wasser
a ganze stub voll dampf

drhoim

a gheizte stub
a schässlo-eck
a standuhr wo
em herzschlag tickt

a zwetschgaschnäpsle
vor dr
ond s òbendblatt
wo von dr welt dir
nòchricht schickt

ond ausm radio
a schwätz
a liadle
von necker
alb ond
bodasee –

etz bisch drhoim
etz witt
von ällem andra
(bis uf weiters)
garnex meh

wia gòhts?

(nach und für kurt marti)

    s oi' kommt
    ond s ander gòht

    zeerscht
      dò kommt meh
      wia gòht

    bald
      dò kommt grad soviel
      wia gòht

    nò
      gòht uf oimòl meh
      wia kommt

    bis
      älles gòht
      ond nex meh kommt

leba

schaffa ei'streicha
uf d kanta lega –

spachtla gluckera
sein adam pflega –

na'pflòtscha sich òòla
en tag nei' triala –

omananderschwanza
durch d gegend striala –

rombarra romjoggla
rombussiera –

grübla hoffa glauba
ond phantasiera –

was ghört zom leba drzua?
was ghört
weg?

s ganz repertwar ghört drzua!
bloß:
älles zor richtiga zeit
respektive am richtiga fleck!

vergleichsweis

i sitz
en ema boizle dren
beim bier
ond neber mir
klempert s elektrische klavier

zwoi zehner
en da' schlitz nei'gsteckt
hent
en dem enschtrument
en buggiwuggi gweckt

wia viele zehner steck i
(endirekt)
tagaus
tagei'
doch en mih selber nei'

dò sott jò schliaßlich
au en mir
irgend amòle
ebbes höhers
z wecka sei'

henterefür

a wäschklammersäckle mit zwetschgagsälz
dren
ond a schnapsglas voll schneckaschlonz
a packpapierguck voll schmiersoifabrüah
ond a kutteroimer voll bronz

ema pottschamberle schoddosooß
ema briafkuwert salz
ema arzneibixle luckeleskäs
ond ema fengerhuat schmalz

a wengertersbutta mit roßbolla gfüllt
ond en era bettflasch bier –

i woiß net
i han so des gspür
dò sei ebbes
henterefür

drzwischa

nemme drhoim
noh net fort
nemme dò
noh net dort

s oi' verlore
s ander net gfonda
gòhts em oba zua?
oder nòch onta?

zwische ällem
hangscht so ond schwebscht:
kaum woischt ob d scho gstorba bischt
oder noh lebscht

Neuzeit

Lassen wir es Friedrich E. Vogt im Vorwort zu seinem Buch »So ischs!« selber erklären:

Man wird beim Durchblättern dieses Buches schnell heraushaben, dass es mindestens in zwei Punkten anders angegangen wurde als diejenigen, die ich bisher auf den Tisch legte.
Nun:
Mit dem Titel »So ischs!« soll es besagen, daß es mehr und durchgängiger die realen Gegebenheiten und Umstände gerade unseres heutigen Lebens zu Wort kommen lässt. Und das in tunlicher Kürze, sachlich, trocken, zugespitzt, unbeschönigt, so wie unsereinem der Schnabel gewachsen ist.
Man sollte merken, dass dabei die Mundart (es ist die mir angeborene stuttgarterische, da und dort durchwürzt von der mir vertraut gewordenen heckengäuschwäbischen) andere, vielfältigere Ausdrucksmöglichkeiten entwickelt als die Hochsprache.
Und:
Die Schreibweise, die in dem Buch verwendet wird, muß auffallen: Sie fügt sich erstmals ganz dem immer deutlicher gewordenen Bestreben unserer Zeit ein, endlich einmal einheitlicher als bisher zu verfahren (wo jeder Mundartschreibende mehr oder weniger

sein eigenes, oft unzulängliches System entwickelt hatte).

Wer diese neue Schreibweise erfunden hat, das müssen die Forscher noch herauskriegen: Sie ist jedenfalls im ganzen deutschen Mundartbereich da, wurde von mir in meinem Buch »Schwäbisch in Laut und Schrift« (J. F. Steinkopf Verlag, Stuttgart 1977) untermauert und hat sich durchgesetzt. Wer die zu erwartende erste Befremdung ihr gegenüber überwindet, stellt fest, daß sie allen bisherigen überlegen ist, daß sie jedem (nicht nur dem Landsmann) ermöglicht, verschiedene Mundartschattierungen zu lesen (ob auch zu sprechen, sei hier dahingestellt). Und das erscheint nötig, wo die Mundarten gerade derzeit wieder so viel größere Beachtung finden.

Also!

Scho gsäh – scho ghedd!

Gerschd
hòsch noh draurich
gseifzd:
So äbbes Schee's ond Guads
kommd mir
nia onder d Aoga,
so äbbes
griag i
ned.

Heid
wenggsch beim gleicha
glangweild ab:
scho gsäh!
scho
ghedd!

gerschd = gestern
i griag = ich bekomme

D Bääbel moind:

(in Deufringer Mundart)

Ach Godd,
wia gòhd des Läaba romm
so wajadaaged
schnäll:

gerschd
hend se dr
noh
»jonge Grodd!«
nòòchgschria,
ond hei'd
schao':
»alde Schäll!«

wajadaaged = »wehetagicht« = verdammt

Zwoi Werdla

Dia boide Alde
brauched ned viil
midanandr
schwäzza.

Se dea'n s
ao
ned.

Ond doch schdòhd
woißnedwaas
vor ehne dra',
wenn se älls bloß
zwoi Werdla,
dia zwoi Werdla
»woisch noh?«
saged.

Werdla = Wörtlein
se dea'n s = sie tun es
schdòhd = steht
älls = manchmal

S Vorgärdle

Gerschd:
Blazz fir dei'n Salaad,
fir äbbes Schniddlaoch,
Pederleng
ond a baar Bloama.
Blazz ao firs Benggle,
wo d am Feieròbend
hòsch sizza kenna
ond
midm Nòchber
schwäzza,
wo ibern Zao'
hòd
riiberguggd.

Heid:
Blazz fir dei'n Heizeeltank,
fir dei' Garraasch
ond deine Kudderoimer.
Ond Blazz fir d Mauer,
wo dr da' Schdròòßalärm
ond -drägg –
a bißle wenigschdens –
vom Haus
wäg
held.

Pederleng = Petersilie

Wenn amòòl ...

Wenn amòòl
    älle gleich sen,
    älle reich sen,
    älle gscheit sen,
    älle zfriida sen ...

Jò, gang mr wägg!

Ezz, wo bald jeder a Audo hòt,
    kommt r fascht nemme durch
    uf onsre Schdròòßa!

Ezz, wo bald jeder em oigena Wanna-
    ond Schwemmbad läbbert,
    muaß r geh bald s Wasser drzua
    vom Schdilla Ozea' impordiira!

Ezz, wo bald jeder bafög-gschdudiirt
    isch ond sein Doktor macht,
    ka' kaom meh oiner Soifasiada
    oddr Bräzzlabacha!

Ezz, wo bald jeder zfriida sei' kennt,
    hengt r da' Riassl ronder
    ond griagt Depressiona!

läbbera = plätschern
Riassl = Rüssel

Mr ka' net ... I.

Mr ka' net
en a Glasscheib
Neegl naagla,

mr ka' net
ufm ebena Booda
d Dräbb naahaagla.

Mr ka' net
ufm Kobfschdoi'bflaschder
Gras nei'säa,

mr ka' net
uf era Glazze
Logga dräha.

naahaagla = hinabfallen

Mr ka' net ... II.

Mr ka' net Sogga fligga
ond drnäba
en Handschdand macha,

mr ka' net gurgla
ond drzuana'
Schocha lacha.

Mr ka' net en dr Na'sa gruubla
ond drbei
Mascheenaschreiba,

mr ka' net fromm ond ährlich sei'
ond Polidigg
bedreiba!

So ischs doch!

Mr ka' wohl
en a Loch
nei'dabba,
nei'schlubfa,
mit Verlaob ao
nei'sch...

Doch ka' mr
d Exischdenz
vom Loch
bloß durchs Dromrom
beweisa.

Wo laoft dr Karra na'?

Bei ons
gòhts doch bald nemme
em »hü!«
gradaus,
ao nemme oi'deidich
»hüscht« oddr »hott«.

Mir dabbet allmählich
bloß noh so
em Grengl rom,
em Dreischlag,
em Daobadicht,
ema lòòlicha Drott!

Ond wenns noh
a Weile so weidergòht,
nòò hoißts
ama scheena Daag:
»öha!«

Nòò heert
dr ganze
Hägglapaaschbetriib
auf.

Ond nòò gòhts
– nòch onsrer Erfahrong –
nolens volens:
»hauf«.

Daobadicht = Halbschlaf

Dr Ondrschiid

Ihr geht –
mir laofet,
ihr trinkt –
mir saufet.

Ihr liebt –
mir bussiiret,
ihr begreift –
mir kabiiret.

Ihr seid in Eile –
mir hens brässant,
ihr ziert euch –
ond mir send schenant.

Ihr hetzt auf –
mir räzzet,
ihr sprecht und redet –
mir schwäzzet.

Gäuschwäbisches Zwiegespräch

Ja, Bääbl,
mòrom guggsch denn dau
so miisepeedrech drei'?

I hao' hai't nao' schao'
veil z veil gschafft
an bai' drdrom
gaa'z hai'!

hochdeutsch:

Ja, Bärbel,
warum guckst denn du
so miesepeterig drein?

Ich habe heute nur schon
viel zuviel geschafft
und bin darum
ganz hin!

Drhoimt

Drhoimt
isch
drhoimt.

Abbr
em Bäsawirdschäfdle
ischs zeidweis
noh
drhoimdr!

Dòsizza

Dòsizza,
bloß so
dòsizza,
ond en d Luft nufgugga,
an dr Sonn vrbei,
en da' Hemml
nei.

Ond net viil
oddr gar nex
drbei dengga.

Ond ao druf bfeifa,
was de andre
von oi'm dengget,
wemmer so dòsizzt,
bloß
so
dòsizzt.

Liabe

(Lied)

I han dr soviil
saga wella,
ond han s net
gsaggt ...

I han dr soviil
gäbba wella,
ond han s net
gää ...

I han dr soviil
z liab do' wella,
ond han s net
do' ...

ond ezz isch älles
z schbäät,
vorbei,
drvo'!

Herbscht II.

(deufringerisch)

De gäala Bleddr
durmlet vo de Beem.
D Sonn mecht se rar.
Dr Wee'd bfeift schdondalang
durchs Ziagldach –

I moa',
ao i
sodd ällsgmaach
zeemapagga!

gäal = gelb
durmla = taumeln
mecht se = macht sich
i moa' = ich meine
ällsgmaach = allmählich

Die späten Jahre

Dr Drang
nòch Ruah
ond Gmüetlichkeit
kommt arg
ens Wanka,
wenn s en dr Stadt
weniger Bänkla hòt
wia Banka.

* * *

A mancher träumt
so lang vom Glück,
daß er s am End
verschlòft.

De oine
schwätzet ond schwätzet,
abber:
se saget oim nex.

De andre
könntet oim a manches saga,
abber:
se schwätzet net.

* * *

Wenn dir a'heba
ällaweil älles
aus de Fenger rutscht,
reg de net uff!
Sei froh, daß s Sach
bloß nonterhagelt
ond net nuff!

a'heba = allmählich, mit der Zeit
hagla = fallen

Übers Älterwerda

für Willy Reichert

Schö'? – des ka' mr net werda, des muaß mr scho sei'! Außer mr zählt zo de Weiberleut. Bei dene gibts jò dò a Mittele. Wia hòt doch d Lara Zilinder zo onsrer Jugendzeit älls gsonga? »Eine Frau wird erst schön durch die Liebe!« (Was werdet mir Mannsleut durch die Liebe? Blend! Ei'zeiselt! Ei'kassiert! Ausgmergelt!)

Groß ond stark werda?! – des ist ao so a Sach! Ao dò muaßt d A'lag drzua scho mitbrenga. Mit Guat-Vespera ond mit Hantla-Stemma ka'st höchstens noh a bißle nòchhelfa.

A'gseha werda?! – dò ka'st net drmit rechna, außer de hòst en Hottvollee zom Vatter oder a Vetterle em Hemmel oder em Bondestag etsätterapepee. Sonst muaßt scho ebbes leista, ebbes vorzeiga könna – em Gschäft, en dr Poletik, en dr Konst, em Sport ond so ...

Reich?! – des ka'st scho eher werda. Aber: dò muaßt Dusel han, oder en Erb-Onkel, oder en Riacher für d Konjunktur, oder ao – koine Gwissensbiss!

Gscheit werda, hell em Kappele?! – no, also dò send zom Beispiel d Schwòba guat dra'. Vorausgsetzt, daß se ihren Vierzger verlebet. Weil: an dem Tag schnackelts bei dene bekanntlich. Se merket dees uf älle Fäll selber. Ond manchmòl merket s ao de andere!

Bei ällem, was de werda witt, hòts also seine Hòka! Bloß: alt – des wurd a jedes. Ond von ganz alloi'!

Des hoißt: ehb mr alt wurd, wurd mr »älter«! Erst über da' Komparativ landest beim Positiv (wo s doch en dr Schualgrammatik grad omkehrt ist!) Drbei machst drzuana' ao noh a äußerst hentergröndiche Mauserong durch: lang bist *a älterer Herr* (ond solang de dess bist, tuats noh lang!), so lang, bis d ama schöna Tag *a alter Ma'* bist! Etzt erst wurds letz! Etzt standet de jonge Fräulein – vielleicht – uf en dr Strößabah', wenn de rei'kommst. Etzt führet se de em Kino ond em Konzertsaal en de erst Roih vor. Etzt haltet se Sempatol parat, wenn de je amòl en dr Schwebekabin uf da' Pfänder nuff fahra sottest!

Zwòr – se wartet ao mit dir druff, daß de omgänglicher wurst. Ond vor ällem »weiser« (mit ema woicha »s«!). So wia s en de Büecher gschrieba stòht: die »Weisheit des Alters«! Se wartet druff. Du wartest druff. Du spürst ema schöna Augablick ao deutlich ebbes. Aber, wenn de gnau ufpaßst, was de dò a'wandelt, nò ist des garnet Weisheit, noi', s ist – ganz ehrlich gsagt: Müede! En älle Glieder – ond ontrem Kappadach ao!

Wenn de zom Beispiel uf dr Königsтròß spaziera laufst: früher bist dò samstichmittags stondalang uf ond ab patrouilliert, höst d Häuserfronta, d Strößabah' ond d Auto gmustert, Lädla ond Lada, d Mädla ond ihre Wada – – – heut ziagts de nòch era halba Stond ens »Schapmann« nei' ond uf en Stuahl na' zoma Kaffeele (wenn r dr nex ausmacht!) oder ema Kognäcle: de muaßt de halt oi'fach äußerlich ond ennerlich stärka!

Ond etzt hockst dò ond guckst garnemme so viel om de. Noi', etzt denkst, denkst emmer meh en de nei'. Ond was de denkst? Därf mr dò amòl s Deckele vom Häfele lupfa? Etzt denkst: Ja, früher hättest älls oft gern »möga«, hòst aber net »därfa« – heut tätest »dürfa« (dir da' Bauch voll schlaga, Roisa macha, Sex ond sonstige Sacha), aber de »ma'gst« nemme – dr Schwong fehlt dr oi'fach ond d Substanz!

Früher hòst d Figur ghet, aber koi' Geld zora entsprechenda Verschalong – heut könntest dr a Fitzerspenzerle loista, aber – dei' Gstell ist halt meh oder weniger aus em Leim!

Früher hòst Zäh' ghet ond oft net gnuag zom Beißa – heut könntst dr bergweis Sach uffahra lassa, aber – mit em Beißa haperts, trotzdem de dei' Gfriis hòst scho x-mòl überhola oder sogar total erneuera lassa.

Früher hòst en Lack-, en Boxcalstiefel,
a Weile ao en Knobelbecher, glänzt –
heut drucket de fast noh d Schläpper.
Früher, dò hòst Höpfer gmacht –
ond heut machst bloß noh Täpper.

Früher hòst de gern amòl
als Bel-Ami oder als Meckie uffrisiert –
heut ist dr letzte Rest von Hòòr
uf deiner Birn oft grad wia wegrasiert.

Früher hòst du *andere* kengelt –
heut fühlst *du* dih strapleziert.
Früher hòst du selber
ond heut *wurst* du dirigiert.

Früher bist ens Wirtshaus gschwärmt
ond hòst am Stammtisch tönt und glupft
ond graucht ond gspachtelt –
heut bleibst drhoim,
bist beinòh abstinent,
ond wenn de s Maul uftuast,
nò wurst mit deiner A'sicht als verstaubt,
verkalkt ond gschuckt verdachtelt.

Früher bist drherstolziert wia a Venus-Jongfer,
wia a Adonis-Geck –
heut siehst, wenn de em Bad en Spiagel guckst,
z viel Knochawerk an dir
oder z viel Schwabberspeck,
ond – s hilft dr nex:
du brengst des net durch Ginsengwurzelsaft,
net durch Massaasch
ond net durch Remstalsprudel weg!

Dih ändert koi' Venyl meh,
koi' Gelée Royale,
du giltst als ausrangiert,
stòhst uf em Abstellglois,
bist »zwoite Wahl«!

Ond doch – wenn de bedenkst,
s gòht doch ema jeda amòl so,
nò schickst de drei',
nò kitterst en de nei' – – –

Nò spürst: s hòt ao sei' Guats, wenn d so en d Jòhra kommst: de brauchst de beispielsweis nemme nòch dr letzta Mode z richtet. Wenn de a weiblichs Wesa bist, ka' drs etzt egal sei', ob se d Rocklänge uf zeah' Zentimeter oberhalb oder onterhalb von de Knia festsetzet – du läßt se soo ufhöra, daß deine Knia warm bleibet.

Ond ob de zo deim Obendkloid sottest deine Hòòr krappaschwarz oder ziagelrot oder honigblond ei'-färba lassa – a wa – du scherst de dò koin Deut meh drom: du läßt se grau oder weiß, läßt se höchstens a bißle ens lila nom »töna«.

Ond wenn de a Mannsbild bist, nò ist drs etzt wurst, ob mr en broita oder en schmala Gürtel trägt, ond ob dei' Hos onta ofarohr-, trichter- oder trompetaförmich auslauft: du trägst se mit Hosaträger ond soo, daß se om da' Äquator rom net spannt ond an de Wada dra' net lottelt. Ond dei' Frisur? Du pfeifst uf Beatlepilz ond Coupe Hardy. Ond wenns nemme zo Barras-Stupfla langt – a Mondscheinpromenadetäätz ist hygienisch ond soo praktisch!

Amore, Hot ond Op ond Pop, konzertierte oder exaltierte Aktiona en Poletik ond Wirtschaft ond so, sotte Sacha läßt d höchstens noh von weitem an de na' – du bleibst retrospektiv-konservativ, bist uf älle Fäll zonächst amòl »drgega«, machst dein gwohnta

Rondgang oms Viereck rom, schlotzst ab ond zua dei'
Viertele drhoim ond an deim Schweizerstompa, ond
guckst, daß dei' Rente oder dei' Pensio' nauslangt.

Ond wenn de dia Jonge ond Gisplige om de romm
älle wia narret gruppa ond hetza siehst für des bißle
Laß-mih-ao-mit, nò schnaufst uf, daß de dees endlich
henter dr ond em großa Ganza dei' saubere, gschleck-
te Ruah hòst! Ists net so?

*L*assen wir die Erinnerungen an Friedrich E. Vogt
ausklingen mit seinen schwäbisch-bissigen Kommentaren zu Sprüchen und Aussagen, wie man sie an jeder Ecke und an jedem Stammtisch hören kann.
Entnommen sind sie dem Buch »I sag mei' Sach!«,
das 1995 im Silberburg-Verlag erschienen ist – zum
90. Geburtstag und wenige Monate vor dem Tod des
»Altmeisters der schwäbischen Mundartdichtung«.

>Ich könnte
>die ganze Welt
>umarmen!
>
>Bloß: dòdrzua
>tätet deine Ärm
>net langa.

* * *

Europäer

Europa
schafft mr leichter
wia
Europäer.

* * *

Oh Heimatland!

Wenn oiner von ons
dees secht,
nò woiß dr ander,
wo er dra' ist.

* * *

Alle Menschen werden Brüder!

Ja ond?
Ao bei dene
gibts alls nix wia
Krach.

* * *

Alles oder nichts!

Mir send zfrieda
mit:
»ebbes«.

* * *

Einbürgerung

S dauert em Schwòbaland
normalerweise scho a Weile,
bis de »Rei'gschmeckte«
sich zo »Hiasige«
mauseret.

* * *

Rechtschreiben

En England schreibet se
»few«
ond saget
»fiu«
drfür.
Wär dort Rechtschreib-
reform net nötiger
wia bei ons?

* * *

Freiheit, die ich meine!

Dees hoißt für de oine
»To', was sich ghört«,
ond andre moinet,
s hoiß:
»To', was oim paßt«.

* * *

Überflußgesellschaft

Wenn d gnuag
von ällem hòst,
hòst
ama schöna Tag
von ällem
gnuag.

* * *

Lebe wohl!

A bißle komisch
klengt dees scho,
wemmer oim,
wo em Grab liegt,
»lebe« wohl
nòòchruaft.

Über ihn

Vier autobiographische Skizzen und ein Gespräch

Immer und immer wieder hat Friedrich E. Vogt seinen Lebenslauf skizziert – teils nach Aufforderung oder um Fragen zu beantworten, teils um Werbung für den Mundartdichter zu machen. Was ihm selbst von seinem Leben wichtig war, hat sich im Lauf der Zeit (und vielleicht auch je nach Publikum) stark gewandelt. Wir drucken deshalb gleich drei dieser Kurzautobiographien.

Die erste hat Vogt pflichtgemäß seiner 1931 gedruckten Doktorarbeit beigegeben. Diese Dissertation steht übrigens in einer ganzen Reihe ähnlicher Arbeiten, mit denen Doktoranden des Tübinger Germanisten und Dialektforschers Karl Bohnenberger zwischen 1929 und 1950 jeweils »Die Mundart von X und Umgebung nach Lauten und Flexion« untersucht haben – im Fall von Vogt bedeutete X Deufringen.

Die zweite stammt von einem Werbezettel, den Friedrich E. Vogt 1982 oder später auf eigene Kosten drucken ließ.

Bei der dritten handelt es sich um einen maschinenschriftlichen Text aus Vogts Nachlass; handschriftlich hat er auf dem Durchschlag vermerkt: »Für Thaddäus Troll als Unterlage – FEV.« Der ausdrückliche Bezug auf seinen »Sechziger«, die aufgezählten Bücher und die Tatsache, dass er den Titel seines 1965 erschienenen Büchles »Schwäbisch gewürzt und gespickt« falsch nennt und hier die Seitenverweise fehlen, legen nahe, dass Vogt diesen Abriss ebenfalls 1965 verfasst hat.

*Die Eltern: Christiane Vogt, geb. Maier (1879–1952) und
Friedrich Vogt (1878–1918)*

Lebenslauf

Ich wurde am 5. Juli 1905 in Stuttgart geboren. Meine Eltern sind: Friedrich Vogt, Maschinist, im Feld gestorben 1918, und Christiane Vogt, geb. Maier. Ich bin evangelischer Konfession und besitze die württembergische Staatsangehörigkeit.

Vom Frühjahr 1912 an bis zum Herbst 1920 besuchte ich in Stuttgart die Bürgerschule II, sodann die Wilhelms-Oberrealschule, wo ich im Frühjahr 1924 die Reifeprüfung ablegte. Im Sommersemester 1924 begann ich an der Universität Tübingen das Studium der Neuphilologie mit den Fächern Deutsch, Französisch und Englisch und setzte dieses im Wintersemester 1925/26 an der Münchner Universität, im Sommer 1926 in einem Ferienkurs an der Sorbonne

Klassenfoto in der Stuttgarter »Bürgerschule II«, Schuljahr 1919/1920. Vogt steht rechts oberhalb vom Lehrer.

in Paris fort. Im Wintersemester 1926/27 wie im Sommersemester 1927 studierte ich an der Universität Berlin weiter, wo ich neben meinen philologischen auch volkswirtschaftliche Vorlesungen hörte. Im Wintersemester 1927/28 an die Universität Tübingen zurückgekehrt, bereitete ich mich dort auf die erste staatliche Dienstprüfung für das höhere Lehramt vor, die ich im Frühjahr 1929 bestand. Während meiner Referendarzeit unterzog ich mich am 18. Dezember 1929 der mündlichen Doktorprüfung.

Herrn Professor Dr. Bohnenberger, auf dessen Anregung und unter dessen Aufsicht die vorliegende Dissertation entstand, bin ich für vielfache Förderung zu besonderem Dank verpflichtet, den ich an dieser Stelle zum Ausdruck bringen möchte.

Klassenarbeits-Zeichnung von Friedrich E. Vogt, 1918

Als Schüler der Wilhelms-Oberrealschule in Stuttgart

FRIEDRICH E. VOGT

ist waschechter Stuttgarter, in der unteren Hauptstätterstraße zur Welt gekommen und in der Leonhardskirche getauft worden. Er verübelt es drum auch keinem Hiesigen, wenn der ihn mit den Attributen »Altstädtler«, drastischer noch »Bohnenviertelsschlurger« oder »Leonhardsträppler« bedenken sollte.

Was man sonst noch in Kürze von ihm sagen kann? Nun: Friedrich E. Vogt ist zwar Gstudierter, ein Doktor der Philosophie geworden. Aber im Grunde ist er geblieben, was er von Natur aus war: ein Stuttgarter Früchtle, pflaster-, anlägles-, bopser- und weinbergnah. In seiner Schriftstellerei kam ihm diese Doppelgleisigkeit zugute: sie verwob ihn mit dem Ruch der Stadt und mit der Eigenart ihrer Bewohner. Und in der Umgangssprache, wie sie der Stuttgarter bis dato pflegt (»hochdeutsch« redet man hier nur »im Dienst«), ist er nicht nur philologisch versiert, er ist in sie auch so verbachen, daß er in ihr mehr aussagen, aus ihr mehr herausholen kann als das hochsprachlich zu bewerkstelligen wäre.

Man wird sofort merken: Mundart dient ihm nicht zu billiger Bierzeltspaßmacherei, nicht zu dümmlichem Gebrägel, nicht zu alltäglichem Anekdötlesgruscht. Er kommt letztlich von Michel Buck, August Lämmle und Sebastian Blau her, aber er gesellte sich inzwischen zu den progressiven Dialektschriftstellern im oberdeutschen Raum, so etwa zu dem Berner Kurt Marti und dem Wiener H. C. Artmann. Wie diese entlockt er dem nuancenreichen Instrument der Umgangssprache völlig neuartige, in ihrer Unverbrauchtheit faszinierende Töne in einer typografisch, formal und thematisch weiten Spanne. Die Ausweitung zeigt sich beim Vergleich mit seinen ersten

*Das Treppenhaus der »Bürgerschule II«, der heutigen
Heusteigschule, Zeichnung von Friedrich E. Vogt, 1919*

(längst vergriffenen) Büchern, die in allem noch enge
Tuchfühlung mit Stuttgart suchen und finden. So haut-
nah und umfassend, daß der Rundfunk-Volkskunde-Spe-
zialist Wilhelm Kutter kürzlich F. E. Vogt zum solcherart
»ersten und eigentlichen Lokalpoeten seiner Vaterstadt«

Körperstudien von Friedrich E. Vogt, Juni 1923

stempelte, für die er neben zahlreichen anderen Liedern das so populär gewordene »Dia steile Stuagerter Stäffela« schrieb und vertonen ließ.

Für Thaddäus Troll als Unterlage

Mein zweites, das erste unter die Lupe nehmendes Ich, schriebe über dieses etwa Folgendes:

Er wurde am 5. Juli 1905 in Stuttgart, zwischen Bopser und Nesenbach (genau gesagt in der Hauptstätterstraße 61 – das Haus steht noch!) geboren. Verbrachte auch seine gesamte Kindheit, bis zum Abi im Wilhelmspennäle 1924, in

Stuttgart. Studierte dann an verschiedenen Hohen Schulen Philologie; schloß ab mit Staats- und Doktorexamen (als Bohnenbergerschüler). Wollte im geheimen zum Theater oder auch zur Presse, landete aber schließlich doch im Gymnasialschullehrerberuf. Durchzog als Studien-Ref-Ass, -Rat und Oberrat (weiter brachte er es nicht!) das Württemberger Ländle, bis es ihn am End nach Böblingen/Sindelfingen ans Goldberggymnasium verschlug. Täte heute, wenn ers »nochmal zu tun hätte«, trotz allem erneut Schulmeister werden: ist also doch wohl ein etwas absonderlicher Idealist, der nicht ganz Schritt hielt mit den Zeitströmungen. Immerhin war er auch zeitlebens und ist auch heute noch aktiver Sportfanatiker. So war er einmal auch voll wehrdiensttauglich, hat den Krieg als Offizier bei den Stuttgarter 119ern mitgemacht und ist dabei »noch einmal davongekommen«; jedenfalls ist sein Kommißbedarf gedeckt. Fand in den Dreißgerjahren (persönlich und säkularisch genommen) auch den Weg in die Ehe (mit einer Stuttgarterin, natürlich!) und sieht heute stolz auf drei wackere Sprößlinge (alle selbstverständlich gelenkt in Stuttgart zur Welt gekommen!).

Man merkt bereits: er ist ein ausgesprochenes »Stuagerter Früchtle«, von allem Anfang an. Sänge (wenn er besser sänge!) jene bekannte, inzwischen unter den Tisch gefallene Strophe so: »Stuttgart, Stuttgart, über alles!«. Nach, am Ende des 1000-jährigen Reiches, erreichtem Vierziger war er zwar nicht gescheit, aber »Poet« geworden; heute heißen ihn manche »*den* Stuttgarter Lokalpoeten«, noch gefühlsträchtiger »der treuesten Stuttgartsänger einer« (hm!). Im engen Kreis (so auch im Verein, darunter natürlich der Schwäbische Albverein!) und mit dem handgeschriebenen Manuskript fing es an. Inzwischen sah er sich mehrfach gedruckt (mit dem »Poetischen Schwabenelixier« bei Bechtle, mit dem »Schwäbischen Allerlei«, den »Schwäbischen Deli-

In jungen Jahren war Vogt als »der schöne Emil« bekannt.

katessen« und mit »Schwäbisch Gespicktem und Gewürztem« bei Bonz): vorwiegend süßsaure Reimereien, die das Bodengeschmäckle des schwäbischen Landes – insonderheit das der Gegend von Stuttgart und um Stuttgart rum – ebenso festhalten wollen wie das Typische von dessen Bewohnern kleinbürgerlicher Prägung (also das Milieu, dem er selbst entstammt): in allen Regungen und Handlungen, vom Selbstgespräch mit der Pfauzkrott bis zum Viertelesschlotzen in »kloine Boizla« und zur spintisierenden Betrachtung auf dem »Bänkle« oder gar im Bett. Anekdötle schreibt er so gut wie keine – solche gibt es nach seiner Meinung schon jetzt eher zu viele als zu wenig – aber Milieuskizzen, Situationsbilder, aus dem Moment geborene Sinnierereien, Gemütsergüsse, Reaktionen und Resümees.

Am End ergibt alles, was er geschrieben hat, zusammengenommen eine Psychologie des Schwaben Stuttgarter, also mittelschwäbischer Färbung, und ein Gemälde mit besonderen Eckchen seines Betätigungs- und Ausruhfeldes, vom »oigena Gärtle« bis zum Bopser, vom Volksfest bis zur Solitüh, von der Königströß bis zum Killesbergpark und den Weinbergen am Necker und sonstwo. Er fühlt sich, wenn auch anderem Tonfall und Genre zuneigend (wohl auch moderner, »groß«städtischer eingestellt), ganz in der Nachfolge der Buck (vgl. Prof. Dölkers Kritik in »Schwäbische Heimat«, 1953, 3, S. 140f.), Lämmle, Überzwerch, Eberle und faßt das Sichabgeben mit der Mundart zwar auch, aber gewiß nicht nur, als spielerisch-unterhaltende Liebhaberei, sondern als volkstumsträchtige Mission auf – auch wenn das geschwollen klingt.

Im Rundfunk trat er erstmals im Sommer 1950 auf als Sprecher alter Waldensertexte (das Waldenserwelsch, diese ins Schwäbisch-Fränkische hereingeschmeckte, inzwischen bei uns verstummte Sprache, ist ein weiteres hobbie von ihm). Seitdem ist er Jahr für Jahr mit allem Mög-

Friedrich E. Vogt (rechts) mit seinem Bruder Willi zu Besuch in Deufringen, März 1927

Ab 1940 war Vogt bei der Wehrmacht, zuletzt als Leutnant im Stab des »Inf. Ers. Btl. (mot.) 119« in Stuttgart-Bad Cannstatt.

lichen im Rundfunk zu Wort gekommen: am häufigsten mit gesprochenen und – vom Rundfunkfritzle, von Albert Hofele, von Oscar Müller und von Willy Reichert – auf Band und auf Schallplatte gesungenen Versen (Stuttgarter Chansönla wie das von »de steile Stuagerter Stäffela«, »Es hòt om Stuagert rom so viele nette Wegla«, »Ja, bei ons wird gschafft« u. a.).

Was mag er selbst von seinen »Sachen« am liebsten? Nun, etwa seine Verse:
   (1) So fangt s älls a' (All. Schwäb., S. 54)
   (2) Durchwachsa! (Allerlei Schwäbisches, S. 48)
   (3) I ond mei' Sofaeck ... (Poet. Schwabenelixier, S. 51)
   (4) D Pfauzkrott (Poet. Schwabenelixier, S. 26)
   (5) Emmer wemmer (Allerlei Schwäbisches, S. 60)
   (6) S ist nemme dees! (All. Schwäb., S. 36)
   (7) Vorderhaus ond Henterhaus (Schwäb. Delikatessen, S. 6)
   (8) Meh wacha als schlöfa (Schwäb. Del., S. 55)
   (9) »Täätschzeit« (Schwäb. Del., S. 22)
  (10) Em Kopf hätt e s scho noh ... (Schwäb. Delikatessen, S. 61)
  (11) Was tät mr au ...?! (All. Schwäb., S. 5)
  (12) Ohne (Gespicktes, S.)
  (13) Mr hòt soo Tääg! (Gespicktes, S.)
  (14) Hochdeutsch ond schwäbisch (Gespicktes, S.)
  (15) Ghopft wia gspronga! (Poet. Schwabenelixier, S. 28)
  (16) Neuschwäbische Namenkomposition (Poet. Sch.el., S. 47)
  (17) Uf dr Stuagerter Königstrôòß (Gespicktes S.)
von seinen Liedern:
die oben genannten und das »Nesenbachlied« und das vom »Stuttgarter Fernsehturm« (beide vom Rundfunkfritzle

Drei Brüder beim Tennis: Richard, Willi und F. E. Vogt (v. lks.)

auf Band gesungen; im Stuttgarter Rundfunk), wie die andern von Hermann Schwander vertont; »Ja, bei ons wird gschafft« (auf Schallplatte); das mehr ein Ulk, kommt aber bei den Landsleuten offenbar am besten an, spricht ihnen aus der Sääle!

Am aktuellsten sind wohl in diesem Jahr seine Verse:
(18) A Sechziger (in »Gespicktes«, S.)

Ja, er könnte noch manches von sich sagen. Aber das Bisherige langt wohl. Im übrigen hat er vor einiger Zeit rück- und vorausschauend, abwechslungsweise auf hochdeutsch (das praktiziert er also auch, aber eben nicht so originell wie sein Stuagerterisch!), seinen Lebenslauf konzentriert wie folgt zusammengefaßt:

Curriculum Vitae

Am Fünften Siebten Neunzehnfünf
Ward er vom Dasein angelockt.

Die Zeit, bis daß er majorenn,
Hat auf der Schulbank er verhockt.

Dann liebte er, gar oft und sehr,
Was langbehaart war und berockt,

Solange, bis zuguterletzt
Im Ehestand er angepflockt.

Vom Schicksal recht mit Glück bedacht,
Und selten nur herumgebockt,

Hat er dem Haus, das ihm bestimmt,
Ein paar Etagen aufgestockt,

Hat wacker ausgelöffelt stets,
Was immer er sich eingbrockt,

Bis daß er eines schönen Tags
Vom Sensenmanne ausgeknockt:

Das ist der kurze Lebenslauf
Des weiland Doktor Friedrich Vogt!

Herr Vogt, wie hat das eigentlich angefangen?

Im Gespräch mit Hans-Rüdiger Fluck,
6. November 1973

Herr Dr. Vogt, haben Sie von Anfang an in Mundart geschrieben?

Nun, am Anfang habe ich nie etwas mundartlich geschrieben. Ich habe immer mundartlich gesprochen, aber nie geschrieben. Meine ersten poetischen Äußerungen waren alle hochsprachliche: als Student schrieb ich so Kneip-Zeitungen und später Beiträge für Zeitungen und so weiter. Erst im Krieg, da habe ich so eine Art Heimweh bekommen. Ich war schon zwischen 35 und 40 Jahren, und da habe ich alles das, was nun so in meinem Leben sich ereignete, niedergeschrieben. Und habe sehr bald gemerkt, Stuttgarterisch geht das ganz, ganz anders.

Ich darf Ihnen ein Beispiel bringen: Wenn ich hochsprachlich sage: »Ich habe schon immer gespürt, es ist etwas daran, daß man allein, ohne Kontakt mit dem Nebenmenschen nicht leben kann«, dann sag' ich das Stuttgarterisch so: »I han s scho emmer gspürt; s isch ebbes dra', daß mr alloi' ohne A'spròch, net leba ka«! Und wenn ich das weiterspinne: »Und seit ich älter bin, merk' ich noch mehr, erst das Miteinander erfreut, ergötzt das Leben sehr«, so lautet das stuttgarterisch: »Ond seit e älter ben, spür e noh meh: erst s Om-de-rom ond s Lau-me-ao-mit macht s Leba schee.« Das gelte als Beweis dafür, daß ich meine, mit der Stuttgarter Mundart eine Sache klarer, genauer, mir gemäßer und – unter Umständen auch – tiefer, gemütvoller ausdrücken zu können.

In der Hauptsache habe ich natürlich geschrieben zur Unterhaltung. Ich wollte zwar, von allem Anfang an, nie Bierzeltspäße, Volksfestgaude und so Zeug schreiben, sondern habe immer Nachdruck darauf gelegt – nachdem ich doch Philologe war –, irgendetwas zu schreiben, was gewissen Ansprüchen standhält. Aber das Allermeiste von dem, was ich geschrieben habe, dient eben doch zur Unterhaltung.

Sie haben bei einigen meiner Bücher gemerkt, daß ich über das hinausgehe. Das habe ich dann eben für mich geschrieben: in meiner »Schwäbischen Spätlese«, zum Beispiel, da sind so und so viele Sachen drin, die nicht für die Unterhaltung gedacht sind. Aber dieses Buch war dann eben ein Liebhaber-Buch. Es ging zwar auch ab, aber es hat nie eine große Verbreitung gefunden. Doch auf der Stufe möchte ich jetzt weitermachen.

Da sehen Sie also meine Tendenz: Vom rein Unterhaltsamen bis hin zum literarisch Wertvollen.

Nun, Herr Vogt, wie hat das eigentlich angefangen? Also, Sie haben gesagt, Sie haben im Krieg zum erstenmal sich mit Mundartliteratur beschäftigt, das heißt, Sie sind selbst produktiv geworden. Wie ging das dann mit den Veröffentlichungen?

Ja, also sagen wir mal, wissenschaftliche Abhandlungen über die Mundart habe ich sofort, wie ich vom Kriege heimkam, in allen möglichen Zeitungen und Zeitschriften gebracht. Aber meine poetischen Sachen, die habe ich zum ersten Male im Jahr 1953 veröffentlicht. Und da war ich schon ein Endvierziger.

Ich bin dann in Vereinen aufgetreten, darunter auch in der Sportvereinigung Böblingen. Und wo ich hinkam – auch in meiner Korporation oder bei irgendwelchen privaten Veranstaltungen –, da hab' ich nun diese Dinge zur Freude der Leute, die da waren, vorgetragen. Bis dann schließlich auch einmal ein Verleger dabei war, nämlich der Bechtle in Esslingen. Der hörte die Sachen und sagte dann: »Ha, Herr Vogt, des sottet mr doch drucke!« – Und so hat dann der Bechtle die erste Ausgabe meiner Gedichte gebracht, die weithin auf Unterhaltung zugeschnitten waren, das »Poetische Schwaben-Elixier«. Da kamen zwei Auflagen raus. Ich glaube, fast 10 000 Stück sind abgesetzt worden.

Das ist recht beachtlich.

Ja, für so kleine Dinge da schon.

Es kam dann bald ein anderer Verleger dazu: der Bonz in Stuttgart. Auch er hat sich an mich gewandt und hat dann eine ganze Reihe von mir ..., lauter kleine Büchlein veröffentlicht, unter allen möglichen Titeln. Nach meiner Ansicht sind alle gut gegangen. Er hatte von jedem ungefähr 3000 bis 5000 pro Auflage, und alle sind weggegangen. Die werden nur heute deswegen nicht nachgedruckt, weil ... so ein Buch kostete DM 2,40, da kommt heute der Verleger nicht mehr raus.

Nach Bonz kam der jüngste Verleger, Knödler in Reutlingen. Der hat die Bonzschen Sachen übernommen und macht jetzt von diesen eine Zusammenfassung: Das wichtigste in einem größeren Band. Ganz neu zusammengeschrieben habe ich meine »Täätsch-Zeit«. Das ist ein Büchlein ganz zugeschnittten auf Senioren und Seniorinnen. Sie müssen sich bewußt sein, daß auch dieses vorwiegend der Unterhaltung dient. Aber ich hoffe doch, der gediegenen Unterhaltung.

Ja, Unterhaltung ist ja an und für sich nichts Schlechtes.

Nichts Schlechtes, das kann man wohl sagen. Aber ich möchte trotzdem in manchen Dingen über das hinausgehen.

Haben Sie auch literarische Texte auf hochdeutsch veröffentlicht?

Gewiß. Ich habe auch sehr viel Hochdeutsches veröffentlicht.
Ist das vorwiegend in Zeitschriften oder auch ...?
Vor allem in Zeitschriften. Und dann ist zum Beispiel anno '53 ein Heimatfest gewesen in Böblingen. Da war ein Festspiel zu schreiben: Es hatte eine Schlacht stattgefunden im Bauernkrieg, und da habe ich ein Theaterstück drüber geschrieben – hochdeutsch, aber in altertümlicher Weise.
Und können Sie sagen, weshalb Sie nun zum Beispiel das Schauspiel nicht in Mundart geschrieben haben oder irgendwelche Dinge lieber in Mundart schreiben als in der Hochsprache?
Das kann ich genau begründen. Ich bin ein Freund der kurzen Form. Ich glaube, darin liegt meine Stärke. Da komme ich mit der Mundart an. Aber einen Roman oder ein Drama oder so etwas zu schreiben, das dauert mir zu lang. Da halte ich die Mundart für verfehlt. Ich möchte etwas Kurzes, Gedrängtes und genau Formuliertes haben.

Gemischt hochsprachig und mundartlich habe ich zum Beispiel geschrieben: Weinkantaten, so für die Weingärtner-Gesellschaft. Die brauchten da so ein Theaterstück, das 60 bis 70 Minuten dauerte. Ich habe ebenso das Festspiel geschrieben für den Alpenverein zu dessen 100-jährigem Bestehen. Das hat über zwei Stunden gedauert. Nun, das sind Gebrauchstexte. So etwas mache ich gerne, wenn ich mit dem Material ... also, wenn mir das vorliegt. Aber nun mich hinzusetzen und da Ideen auszugrübeln und das alles zu einem Drama oder zu einem Roman zu vertiefen – das ist mir einfach zu viel. Ich wiederhole: Ich bin da ein Freund der kurzen, knappen, gedrängten Form.

Sie haben schon einiges genannt an Themen, die Sie nun behandelt haben. Haben Sie Themenkreise, die Sie in der Mundart hauptsächlich behandeln?

Ja, ich bin eigentlich an allem herumgekommen. Ich habe zunächst einmal angefangen, ganz Stuttgart zu durchwandern und das Geschaute ins Lied und ins Gedicht hereinzubringen: den Bopser, den Nesenbach, den Killesberg und so weiter.

Mein Lied über die »steile Stuagerter Stäffela«, das ist ja das Stuttgarter Nationallied geworden. Das singt heute der Oscar Müller, einer unserer Volksschauspieler, auch auf Schallplatte überall mit größtem Erfolg. Das Lied ist jetzt 17 Jahre alt. Die »steile Stuagerter Stäffela«, von Hermann Schwander vertont, das ist ein schwäbisches Volkslied geworden. Auch für den Rundfunk-Fritzle, für Oscar Heiler und für den Willi Reichert habe ich geschrieben: Manches, was der auf seinen Schallplatten bringt, stammt aus meiner Feder.

Mein erstes Arbeitsgebiet also zunächst einmal: Stuttgart und um Stuttgart herum. Aber dann interessierten mich auch alle möglichen Lebensprobleme, die verschiedenen Lebensalter und so weiter. Das, was einen da besonders bewegt, von der Liebe an bis zum »Abweifeln«, wenn ich das so schwäbisch sagen darf. Wie das ist, wenn man älter wird, wie das anfängt, was man da für besondere Probleme hat und so weiter. Es gibt bei mir eigentlich keine sachliche Grenze, auch nicht von der Form her: Ich schreibe meist in konventionellen Formen, in konventionellen Reimen. Ich gehe dann aber auch bis zum rein Abstrakten, bis zum Progressiven.

Kennen Sie mein »Fahra« zum Beispiel? – Sehen Sie, das ist so eine Sache, die den ganz modernen Erzeugnissen entspricht. Da hat mich allerdings mein Kollege und Konkurrent Josef Eberle sehr darüber getadelt: schon deshalb, daß ich ein Buch rausgebe, das klein geschrieben ist, ohne Satzeichen und »so progressiv«. Wenn er bloß den Ausdruck progressiv höre, dann werde es ihm schlecht. Es könne doch ein Mundartdichter nicht die modernen Formen benützen.

Ich möchte das Gegenteil beweisen. Vielleicht ist das bei mir der philologische Ehrgeiz. Und da kommt mir zugute, daß ich mich in der deutschen Literatur bestens auskenne. Ich kenne vor allem auch alle modernen Dichter. Viele davon sind ja auch meine Kollegen im Schriftstellerverband – und da macht's mir immer eine diebische Freude, wenn wir irgendwo eine Tagung haben und wir sitzen mit den Modernen mal abends beieinander, dann sag' ich denen: »Das mache ich auch, bloß mach' ich das jetzt mal auf Stuttgarterisch.« Heißenbüttel zum Beispiel, den Heißenbüttel auf Mundart. Sowas ist für mich zunächst bloß ein Experiment, aber plötzlich wird etwas daraus, von dem ich selber sagen kann – da schreibe ich dann den Poeten ab und bin nur noch der Wissenschaftler – von dem ich sagen kann: »Ha, das ist ja gut, das ist etwas, und – stuttgarterisch.«

Da finde ich mich übrigens auf der gleichen Linie zusammen mit dem Marti in der Schweiz oder mit dem Artmann in Wien. Die machen ja solche Experimente auch.

Jetzt hätte ich noch eine andere Frage: Meinen Sie, man kann grundsätzlich in der Mundart alle Themen behandeln oder alle Lebensbereiche?

Das meine ich. Davon bin ich überzeugt. Und das möchte ich auch beweisen. Ich glaube, es gibt in der Mundart keine Grenzen für irgendwelche Themen, für irgendwelche Bereiche. Wenn ich Ihnen da meine modernen Dinge vorbringen würde – weitgehend noch Experimente –, ich bin mehr und mehr davon überzeugt, daß man mit der Mundart alles sagen kann und unter Umständen sogar besser als mit der Hochsprache. Weil ich einen ganz anderen Wortschatz, ganz andere Nuancen zur Verfügung habe.

In der Mundartliteratur werden hauptsächlich Gedichte veröffentlicht. Meinen Sie, Lyrik sei die besonders geeignete Gattung?

Das meine ich nicht. Nein. Auch: kurze Geschichten, kurze Betrachtungen – nicht: Anekdoten. Das Anekdotische habe ich ganz auf die Seite gelegt, weil das das Überlieferte ist. Aber Rundfunkplaudereien mit Betrachtungen zum Beispiel »Übers Älterwerda«, »Viel z viel Rega!« und sonstige Dinge, die ich da und dort gebracht habe, die kommen ganz hervorragend an; nicht nur über den Rundfunk, sondern auch, wenn ich vor den Leuten stehe. Und das mache ich natürlich mit Vorliebe. Ich gehe gerne in meine Vereine. Ich bin im Albverein, im Alpenverein, ich bin in meinem Tennis-Club, ich gehe in so und so viele Verbindungen. Ich komme zu volkstümlichen Veranstaltungen. Ich lasse mich nicht lange bitten. Wenn die Stimmung entsprechend ist und man gemütlich beieinander sitzt, dann bringe ich etwas und spüre, wie das ankommt.

Und zugute kommt mir natürlich heute, daß ich schon lange Pensionär bin. Ich habe Zeit und nehme dann natürlich auch solche Gelegenheiten gerne wahr. Also jetzt werde ich gerade überlaufen von allen möglichen Alten-Stiften, von Senioren-Clubs, denen ich ihre Nachmittage und ihre Abende verschönere.

Dann ist also das Hauptanliegen Ihrer Arbeit, Sie haben das schon angedeutet, mit die Unterhaltung?

Mit. Das ja. Ich befleißige mich aber immer, dazwischendrin etwas Anspruchsvolles zu bringen. Nicht nur Unterhaltung, sondern auch Reflexionen, etwas, das ins Philosophische hineingeht.

Wie sieht nun der technische Ablauf aus, wenn Sie ein Gedicht schreiben? Schreiben Sie das in einem Zug hin oder ...?

Nein. Nein. Nun, ich bin einer, der das Auto ad acta gelegt hat. Ich habe meiner Frau mein Auto überlassen. Ich fahre aber sehr gerne mit der Straßenbahn oder dem Omnibus nach Stuttgart hinein. Suche kleine Beizchen auf, kleine Caféchen. Setze mich in irgendeine Ecke – und da hab' ich plötzlich einen kleinen Einfall. Nun habe ich immer mein Notizbuch dabei, und da kommt der kleine Einfall hinein.

Und dann komme ich nach Hause. Und in der Nacht – ich bin ein Nachtarbeiter; meine Frau ist längst ins Bett gegangen – gehe ich dann hier herauf in mein Atelier, so zwischen elf und zwei Uhr – ich trinke oft noch einen schönen, starken Tee, und dann gehe ich rauf, und dann suche ich meine Manuskripte heraus, und dann wird dieser Einfall ausgearbeitet. Und wenn er was wird, ist's recht, wenn nicht, geht er in den Papierkorb.

Also, nicht in einem Zug hinschreiben, sondern am Grundgedanken sozusagen »nagen«. Der wird ausgearbeitet. Und da kann ich oft – ja Gott! – zehn, fünfzehn Überarbeitungen machen, bis es soweit ist, daß ich selber sage: »Damit kann ich nun als Philologe zufrieden sein.« Vorher möchte ich's eigentlich auch nicht aus der Hand geben. Ich muß nicht auf die und die Zeit fertig sein, was zum Beispiel der Rundfunk immer von einem erwartet.

Und wie werden Ihre mundartliterarischen Arbeiten aufgenommen? Gibt's da Kritik, Zustimmung?

Sehr viele. Sehr viele. Ich habe ganze Mappen voll, voller Kritik. Ich bin zum Beispiel vorige Woche in Böblingen droben gewesen, da sind Kriegskameraden, also lauter Kriegsbeschädigte und Kriegshinterbliebene, alle über 60 Jahre alt. Und vor denen habe ich einen Nachmittag gestaltet, einfach eine Plauderei so durch alles mögliche hindurch. Da steht nachher in der Zeitung eine phantastische Kritik.

Also, wenn die nicht schwindeln, dann muß ich daraus den Schluß ziehen, daß die Dinge einfach ankommen.

Ein bezauberndes Brautpaar ...

Vogts Kinder erinnern sich

Unsere Erziehung: autoritär, aber effektiv

Von Margit Beilharz-Homann

Kennen Sie Dorschleber? Oder Matetee? Wären Sie in den Jahren 1945 bis '55 Kind meines Vaters gewesen, hätten Sie beides kennen gelernt. Denn wenn ein Mensch seinen Widerwillen bezwingt, wird er im Charakter gestärkt – und wir Kinder sollten charakterlich gefestigt werden. Erst nach mehrfachen Würge- und Erbrechensszenen ließ mein Vater von dieser Charakterschulung ab und zog sich – wohl enttäuscht – in sein Herrenzimmer zurück. Ob es auch bei ihm Dorschleber und Matetee waren, die seinen ausgeprägten Charakter mit formten?

Durch die mit Stores versehene Glasdoppeltüre, die das Ess- von besagtem *Herren*zimmer trennte, sahen wir unseren Vater schemenhaft hinter einem riesigen Schreibtisch sitzen. Drei von vier Wänden dieses Zimmers waren vom Boden bis zur Decke mit Regalen voller Bücher zugestellt. Was unser Vater da eigentlich tat, wussten wir nicht so recht, denn das Herrenzimmer war vollkommen tabu für uns. Mit »wir« und »uns« meine ich übrigens meinen um nur stark ein Jahr jüngeren Bruder und mich. Meine Schwester ist neun Jahre jünger als ich und hat unseren Vater in einer von den Unbilden des Lebens sehr geläuterten Form erfahren – verglichen mit der, die wir erleben durften.

Die junge Familie mit den Kindern Margit und Bernd, 1941

Die eine unbebücherte Seite des Herrenzimmers bestand aus einem großen Fenster und einer Türe zur Terrasse. Durch diese Tür hätte man natürlich gut und schnell vom Esszimmer – dem Hauptaufenthaltsort von uns Kindern, sofern wir uns im Haus befanden – ins Freie gelangen können. Doch dieser Durchgang war nicht gestattet! Überhaupt war der Aufenthalt auf der Terrasse verboten, solange der Vater im Herrenzimmer arbeitete. Er wollte nicht durch lärmende und sich bewegende Kinder gestört werden. So führte der Weg in den etwas unterhalb der Terrasse gelegenen Garten – übrigens auch für unsere Mutter! – außen um das Haus herum.

Halt! Bei ganz großen Ereignissen wurde die gläserne Doppeltüre geöffnet und Ess- plus Herrenzimmer ergaben einen Festraum, der uns Kindern riesig erschien. So erinnere ich mich an meine späte Taufe an meinem sechsten Geburtstag und an unsere Konfirmationen. So fanden Partys mit Amerikanern statt, für die mein Vater als Dolmetscher bei der Entnazifizierung tätig war, und Einladungen mit Franzosen, als die Städtepartnerschaften mit Frankreich geschlossen wurden – beide Elternteile konnten sich fließend englisch und französisch unterhalten. Und last not least entsinne ich mich an einige Heilige Abende, an denen die trennende Doppeltür geöffnet wurde – nach dem Motto: »Macht hoch die Tür, die Tor macht weit«.

Übrigens rekonstruiere ich im Nachhinein, dass mein Vater wohl bis ungefähr 1955 vorwiegend als Lehrer, Heimat- und Sprachforscher in diesem Herrenzimmer tätig war und erst dann als Verfasser von schwäbischen Gedichten. Ich erinnere mich auch an Versuche, uns Kinder für seine Arbeit und Forschung zu interessieren. Uns zum Beispiel die Herkunft des Ortsnamens *Hebsack* nahe zu bringen oder uns das Vorkommen französischer Ortsnamen wie *Perouse* und *Pinache* ganz in unserer Nähe zu erklären. Ich bitte Sie: *Hebsack!* Wir wurden rot bis über beide Ohren und mussten furchtbar lachen, als sich unser Vater – wohl genauso enttäuscht wie nach den Dorschleber- und Matetee-Versuchen – in sein Zimmer zurückzog. Später, während der Dichterphase, wurden wir beispielsweise gefragt, ob wir wüssten, was »a bhäb bschnottas Flaigerle« sei. Waren wir nun besonders desinteressierte Kinder? Wir fuhren lieber die Waldburgstraße mit der Radelrutsch hinunter; Spiele wie »Hans guck um!« oder »Kaiser, wie viel Schritte gibst du mir?« waren uns viel wichtiger.

Unser Vater war ordnungsliebend und eitel.

Auf besagtem Riesenschreibtisch hatte jeder Gegenstand seinen festen Platz. Radiergummi, Lineal, Stifte und andere Utensilien lagen nicht nur immer an der gleichen Stelle, sondern waren auch – gegen das Licht?, gegeneinander? – so ausgerichtet, dass er sofort bemerkte, wenn eines dieser Dinge von uns benutzt worden war. Fehlte etwas, hörte der Spaß auf: Mein Vater zählte laut auf *drei*; die Familienmitglieder ließen alles stehen und liegen, womit sie sich gerade beschäftigten, und suchten hektisch, bis sich Vermisstes wieder fand. (Wir Kinder entwickelten durchaus im Lauf der Zeit die Fähigkeit, in Abwesenheit des Vaters rasch eine Schere zu benutzen und sie dann wieder so zu platzieren, dass er es nicht merkte.)

Auf dieser wohlgeordneten Platte gab es nur einen einzigen Ziergegenstand. Es handelte sich um ein gerahmtes Foto – nicht dominierend, aber auf den am Schreibtisch Sitzenden direkt ausgerichtet. Es zeigte nicht das Ehegesponst des Geistesarbeiters, also unsere Mutter, es zeigte auch nicht etwa uns Kinder, sondern ... ihn selbst, sein eigenes Konterfei, in das unser Vater wohl mehr Vertrauen setzte. Womit er natürlich Recht hatte.

Die Idealpaarung von Eitelkeit und Ordnung zeigte sich in seiner Etagere im Badezimmer. Nur selten und heimlich

Die stolzen Eltern – mit Sohn Bernd, der jüngeren Tochter Doris und der älteren Margit, um 1950

– denn wir Kinder hatten alleine im Bad nichts verloren – folgten wir dem Wohlgeruch und bestaunten Pomaden, Cremes, Haartinkturen für die »lichte Stelle«, feine Scherchen, grobe Zangen und Gegenstände, wie – ich nenne nur einen davon – das taiwanesische Rückenschaberle. Dies war eine kleine, aus Holz geschnitzte Hand ohne Daumen an einem etwa 50 Zentimeter langen, mit Kerben verzierten Stiel, mit der sich mein Vater genüsslich mit abgespreiztem kleinen Finger den Rücken gekrault haben mag. All diese Schönheits- und – heute würde man sagen: Wellness-Utensilien waren, zwanghaft im rechten Winkel ausgerichtet, auf der Glasplatte über dem Waschbecken drapiert.

Diese Ordnungsliebe, wenn auch nicht ganz so extrem, hat sich auf mich übertragen. Zeigen heute zum Beispiel in meiner Wohnung die Haken der Kleiderbügel an der Garderobe nicht alle in die gleiche Richtung oder stehen die

Schuhe eines Paares daselbst nicht sauber nebeneinander, so stört mich das, wie es meinen Vater schon gestört hat.

Nicht nur im Haus, nein, auch auf dem Böblinger Skihang sorgte mein Vater für Disziplin und verwandelte diese in vorzeigbare Ordnung. Wie sonnig und heiß waren damals doch alle Sommer! Und jeder Winter war eiskalt mit viel Schnee! So begaben sich Kinder und Jugendliche nachmittags die Waldburg hinauf auf Maiers Wiesle. Dort thronen heute Prachtvillen, deren Bewohner wahrscheinlich keine Ahnung vom damaligen Treiben haben.

Erschien mein Vater – als Lehrer konnte er dies ja – gleich nach dem Mittagessen auf des Hügels Spitze, so verbreitete sich in Windeseile der Warnruf »Achtung, dr Fiff!« den Berg hinunter. (»Fiff« war der Spitzname meines Vaters, wohl aus den Initialen seines Namens abgeleitet.) All die bislang kreuz und quer fahrenden, ungeordnet gehenden, teilweise auch nur herumstehenden Schlitten- und Skifahrer spalteten sich in rechts Abfahrende und links Hochstapfende, Schlitten- von Skifahrern nun getrennt. Wie konnte dies gleichsam naturgesetzlich geschehen, so wie sich Metallsplitter bei einem starken Magneten ordnen? Durch vorangegangene Auftritte! Sobald mein Vater den Skihang erreichte, erwachte in ihm der Sport- und frühere Skilehrer. Seine als Offizier geschulte Kommandierfähigkeit, was Befehlsvokabular und Stimmvolumen betraf, konnte hier im Freien richtig zur Geltung gebracht werden. So wedelte er dann auch elegant die frei geräumte Hangmitte hinunter. Gute Skifahrer nutzten die freie Bahn und fuhren flott hinter ihm her. Andere warteten nur den Zeitpunkt ab, bis er wieder verschwand, und rasch trat das ursprüngliche Durcheinander wieder ein. Mein Bruder und ich? Einerseits ein bisschen stolz, andererseits auch etwas peinlich berührt, hielten wir uns am Rande des Geschehens.

Richtig verstecken mussten wir uns im Schulbus! Denn körperliche, geistige und charakterliche Stärke erfährt ein Jugendlicher nicht beim Busfahren! Da mein Vater diese Qualitäten natürlich alle schon längst erworben hatte, fuhr er mit. Für uns war das Besteigen eines Omnibusses der neu eingeführten, vom Reisebüro Pflieger betriebenen Linie von Böblingen nach Sindelfingen mit Halt am Goldberg-Gymnasium verboten! Aber wenn wir uns verspäteten, wenn es eiskalt war (unser Schulweg betrug immerhin ungefähr drei Kilometer) oder wenn wir meinten, unser Vater habe erst zur dritten Stunde Unterricht, stiegen wir ausnahmsweise schon mal in den Bus. Falls unser Vater dann doch noch an der Haltestelle erschien, fuhren wir quasi gefangen, geduckt hinter Sitzen und geschützt von unseren Kameraden, mit klopfenden Herzen bis zur Schule und hatten große Angst, er könne uns noch beim Aussteigen entdecken. Denn Ein- und Ausstieg wurden von unserem Vater kontrolliert, bis der letzte Schüler drin beziehungsweise draußen war. Dafür bekam er übrigens jahrelang seine Buskarte umsonst! Zum Glück öffnete der Busfahrer immer vorne und hinten, sodass es uns – dank Deckung von Freunden – meist gelang, ungesichtet auszusteigen. Ich muss schon zugeben, dass solcherlei Erlebnisse zwar angstgeprägt, aber zum Teil auch spannend waren. Ganz klar, dass wir immer wieder unseren Mut testeten und uns dann königlich freuten, wenn Verbotenes unbemerkt gelang.

Apropos Angst: Mein Vater hatte auch Angst! Durch und durch Philologe und Geisteswissenschaftler, Dichter und Denker, Sportler und Schöngeist, waren seine technischen Fähigkeiten sehr dürftig, um nicht zu sagen: gleich null! So flüchtete er zum Beispiel in den Garten, wenn eine Sicherung gewechselt werden musste. Dieser Akt oblag meiner Mutter, und erst nach »Entwarnung« kehrte mein Vater wieder ins Haus zurück.

Mit äußerster Skepsis, weit abgespreizten Fingern und deutlichem Körperabstand bediente er den damals in Mode gekommenen Wechselplattenspieler für zehn Singles. Wir durften weder dieses Gerät noch den Radioapparat einschalten – es könnte ja etwas explodieren! Ja: explodieren!

Kein Wunder, dass mein Bruder erst neulich noch seine Frau im Dunkeln sitzend sehnlichst erwartete, weil die Sicherung durchgebrannt war. Und ich tippe noch auf meines Vaters alter Olympia Monica wegen zu großen Respekts vor dem PC. War es meinem Vater übrigens gelungen, eine Schallplatte wie »Das machen nur die Beine von Dolores ...« oder »Volare ... oh, oh! ... Cantare ... oh, oh, oh, oh!« zum Laufen zu bringen, dann schmetterte er fröhlich mit und freute sich.

Noch eine Angstsituation muss ich erwähnen, weil sie mich bis heute erfasst: Gewitter! Besonders: nächtliches Gewitter! Zuckten in heißen Sommernächten Blitze am Himmel, so erschien mein Vater in Socken und mit einem Kittel über dem Schlafanzug am unteren Ende der Holztreppe, die zu unserem Kinderzimmer im Dachgeschoss führte: »Kinder, fertig machen! Anziehen! Runterkommen! Schnell!« Die beiden Eltern und wir zwei – meine jüngere Schwester war noch nicht geboren – saßen dann total müde und verängstigt auf dem Sofa im Wohnzimmer und warteten auf das Ende des Unwetters.

Zurück zu den Tugenden. Eine weitere solche wurde uns so drastisch und (im wahrsten Sinne des Wortes) *spürbar* beigebracht, dass wir sie bis heute – und das nicht zu unserem Schaden – beibehalten haben: Pünktlichkeit! Bis in sein hohes Alter hielt unser Vater zeitliche Abmachungen peinlichst genau ein, vielmehr: Er verlagerte sie um eine Viertelstunde nach vorn. Das Abendessen war jahrelang auf halb sieben terminiert. Es kam nicht oft vor, dass wir diesen Zeitpunkt überschritten.

Friedrich E. Vogt am Sportgerät im Garten seines Hauses

Denn kamen wir zu spät, stand unser Vater am Gartentor, die Hände auf dem Rücken – und was hielt er dort versteckt? Die Spuren an den Schenkeln knapp unter dem Seppelhosenende und etwas darüber quer über dem Po ließen wir am nächsten Tag von den Nachbarskindern begutachten. Dort unten in der Waschküche demonstrierten übrigens auch die Nachbarskinder uns die Male der Erziehungsmethoden ihrer Eltern. Es war eine andere Zeit, Kinder hatten möglichst unauffällig nebenher zu laufen und vor allem: zu gehorchen!

Als wir so 15, 16 Jahre alt waren, erlebten wir unseren Vater dann auch als Vortragenden, wohl im Rahmen der ersten Volkshochschulveranstaltungen. Schriftsteller wie Gottfried Benn, Bertolt Brecht oder Heinrich Böll wurden in abendlichen Veranstaltungen der Öffentlichkeit nahe gebracht. Wir waren mit unseren Freunden – immer mit deutlichem Abstand zum referierenden Vater – unter den Zuhörern. Auch hier beschlichen uns die Gefühle Stolz und Peinlichkeit, zwischen denen wir als Kinder dieses Vaters pendelten.

Habe ich über unseren Vater und unsere Kindheit zusammen mit ihm erschöpfend erzählt? Nein, niemals! Ich habe festgehalten, was sich mir dominierend für unser damaliges Leben aufgedrängt hat. Seine Qualitäten als glänzender Unterhalter, großartiger Nachahmer, theatralischer Darsteller, witziger oder äußerst spitzzüngiger Mitmensch kamen eher im »Außenleben« zur Geltung und mögen von anderen beschrieben werden.

Bin ich ob unserer strengen Erziehung enttäuscht oder frustriert? Wie oben schon erwähnt, muss man Erlebtes in der jeweiligen Zeit sehen, und wie meinen Schilderungen zu entnehmen ist, haben die »Tugenden«, die mein Vater uns beigebracht hat, ja durchaus bis heute positive Auswirkungen.

Nachdem ich mich seit Jahresbeginn 2004 – ich muss zu meiner Schande gestehen: erstmalig! – richtig intensiv mit der Arbeit meines Vaters beschäftige, stellt sich durchaus die Frage: War nicht unser Vater über unser mangelndes Interesse enttäuscht und frustriert? Jetzt, fast zehn Jahre nach seinem Tod, sichte ich Bücher, Zeitschriften, wissenschaftliche Reihen, Zusammenstellungen von Rundfunksendungen, Manuskripte von Vorträgen, Albvereinsabenden, seinen vielen veröffentlichten Gedichtbänden, von Heimatspielen, Liedtexten und so weiter ... und bin überwältigt! Was hat dieser Mann an besagtem großem Schreibtisch neben seiner Lehrtätigkeit am Gymnasium alles gearbeitet! Und wie ungeheuer vielseitig war diese Arbeit!

Durch die Räumung seines Zimmers, durch die Aufteilung seines Nachlasses ans Stadtarchiv Stuttgart, das

Stadtarchiv Böblingen und an das Zentrale Württembergische Mundartarchiv in Bad Schussenried bin ich meinem Vater, was seine schreibende Tätigkeit anbetrifft, jetzt erst richtig nahe gekommen. Und zwar mit Respekt – diesmal nicht angstbehaftet und ohne Fragezeichen.

Im Übrigen bat er mich genau eine Woche vor seinem Tod – inzwischen lange schon in Stuttgart-Dürrlewang wohnend und neunzigjährig –, ich möge ihm doch von Feinkost-Böhm aus der Stadt fünfzehn Gramm echten Trüffel mitbringen. Messerspitzenweise, getränkt von einem Schlückchen Rotwein, ließ er sich diese Delikatesse bei der Fernsehsendung »Fahr mal hin« genüsslich auf der Zunge zergehen. Welch ein Wandel zu Dorschleber mit Matetee!

»Mens sana in corpore sano«

Die ganz besondere Beziehung zwischen
Vater Dr. Friedrich und Sohn Dr. Bernd Vogt

Von Bernd Vogt

Meine Eltern haben sich beim Tennis kennen und lieben gelernt – bei der Vaihinger Allianz. Für »Fiff«, wie der Vater allseitig gerufen wurde, war deshalb klar, dass sein Filius ab dem sechsten Lebensjahr Tennis spielen lernen sollte. Gleichzeitig mit dem Beginn der »geistigen« Ausbildung in der Volksschule Böblingen sollte die körperliche Ertüchtigung im Böblinger Tennisclub einsetzen.

Herbst 1969

Entsprechend der seinerzeit noch etwas strengeren Erziehungsgrundsätze und dem anno 1947 schmalen Geldbeutel eines Gymnasiallehrers musste ich die Mitgliedsgebühr für den Tennisclub, das Geld für die erste Tenniskleidung, die Schuhe und einen gebrauchten Tennisschläger erst mal selbst verdienen, und zwar als Balljunge.

Der Vorteil dieser Erziehungs- und Ertüchtigungsmethode war, dass man richtig heiß darauf wurde, in den Pausen zwischen dem Ballauflesen mit einem zunächst geliehenen alten Schläger und noch älteren, bereits abgespielten Bällen wenigstens gegen das Brett zu schlagen. So trainierte ich mir eine gewisse Ballsicherheit an, die später, mit 17 Jahren, zur Bezirksmeisterschaft Stuttgart und zur württembergischen Jugend-Rangliste reichte.

Zur weiteren körperlichen Ertüchtigung war von meinem Vater im Übrigen gleichzeitig mit dem Volksschulbeginn eingeführt worden, dass ich vor dem Essen jeweils im niedriger liegenden Garten nach mehreren erfolgreichen Bauchaufzügen erst mal die Kletterstange bis ans obere Ende hinaufklettern musste, um so im höher gelegenen Wohn- und Esszimmer sichtbar zu sein und mir damit meine Essens-Teilnahmeberechtigung zu erarbeiten.

Die dringende Notwendigkeit einer körperlichen Ertüchtigung – neben einem gesunden Geist – vermittelte mir mein Vater jeden Morgen beim oberkörperfreien gemeinsamen Zähneputzen im Bad. Er spannte seine Armmuskeln an und ich musste dasselbe tun. Gegenüber den gewaltigen Bizepsen meines Vaters sah ich allmorgendlich jämmerlich mickrig aus.

Als Zehnjähriger trat ich ins Gymnasium ein. Nach Auffassung meines Vaters ging der körperliche Wuchs dann jedoch zu sehr in die Länge und an den Schultern nicht genügend in die Breite. So meldete er mich kurzerhand beim Böblinger Sportverein erst zum wöchentlichen Geräteturnen und dann zum Boxen an. Bei meinem ersten Probekampf sah ich im Ring so viel Sternchen, dass es meiner Mutter das Herz zusammenschnürte und sie durchsetzte, dass ich aufhören und mich wieder mehr ums Klavierspielen kümmern durfte.

Zeitgleich mit dem Gymnasiumsbeginn wurden auch alle »Schandlektüren« wie Micky Maus oder Karl May kategorisch verboten. Vielmehr kreuzte mir mein Vater in einem Literaturverzeichnis die Bücher oder Dramen an, die ich durcharbeiten und von deren Inhalt ich ihm eine kurze schriftliche Zusammenfassung übermitteln musste.

Durch viele Tennisturniere und regelmäßiges Skifahren in den Winterferien ausdauergestählt, erhielt ich dann von meinem Vater die letzte literarische Ölung in einer vor der mündlichen Abi-Prüfung in Deutsch mehrere Tage jeweils mehrere Stunden dauernden gemeinsamen Erarbeitung der wichtigsten Stellen von Goethes Faust. Dies verschaffte mir letztlich eine mündliche Eins und somit zusammen mit meiner schriftlichen Drei im Aufsatz eine solide Zwei in meinem Abi-Zeugnis in Deutsch.

Aufgrund der phänomenalen Bildungsbreite meines Vaters, gepaart mit seinem – gern auch öffentlich im Freibad oder im Urlaub am Bodensee zur Schau gestellten – Astralkörper, hatte ich seit meiner Jugend nie auch nur den Hauch einer Chance, mich mit seinem Niveau an »mens sana in corpore sano« messen zu können.

Als verbindendes Motto zwischen uns beiden habe ich diese Lebensformel jedoch bereits sehr früh akzeptiert, so dass letztlich doch auch aus mir noch einigermaßen etwas geworden ist.

Das Gartenfeuer

Von Doris Vogt

Damals, als ich noch ein kleiner »Hurgler« war, hatte mein Vater, ein vielseitig beschäftigter Mann, nicht allzu viel Zeit für seine Jüngste. Umso prägender wirkten daher jene Begebenheiten, in denen wir nur uns beide zur Gesellschaft hatten, wie zum Beispiel beim zeremoniellen Ablauf eines Gartenfeuers.

Zunächst standen auch meine beiden Geschwister noch unter Vaters Einsatzkommando; wir trugen aus allen Winkeln sämtlicher Zimmer unseres großen Hauses die überquellenden Papierkörbe zusammen und stellten sie am Rande einer eigens dafür vorgesehenen Feuerstelle in unserem Garten ab, und zwar in exakt angewiesener Position. Nach Entlassung der zwei Großen aus dem Gartendienst in den Küchendienst wohnte ich nun allein dem Fortgang der Handlung bei. Zu sportlichem Arm- beziehungsweise Hüftschwung ausholend, beförderte mein Vater den nichtigen Inhalt aus den Körben heraus auf besagte Stelle. Alsbald türmte sich das Altpapier zu stattlicher Höhe auf. Eine Papierfackel wurde entzündet und von meinem Vater fachmännisch unter den Berg geschoben. Er ließ den wachsamen Blick minutenlang auf dem flammendurchzüngelten Inferno ruhen und konnte dabei mit nachdenklicher Miene sinnieren: »So viel Gruscht uff oim riasiga Haufa ond z'letzscht bloß no a Hand voll Schtaob.«

Ich fühlte mich – ohne den tieferen Sinn solcher Worte zu erfassen – stark dazu bewegt, nachdenklich zustimmend zu nicken. Durch ausgeprägte Mimik und Gestik, gezielte Wortwahl und Ausdruckskraft der Stimme zeigten auch die nachfolgenden Aussagen anhaltende Wirkung.

Munter: »Guck, wia des sauber brennt, mir isch no koi oinzigs Feuerle ausganga.«

Ermahnend: »Bass uff, gang z'rigg, du woisch jo, safety first!«

Eindringlich: »Horch, wia's do drenna knischdert ond knaggt, zischelt ond riaselt.«

Einfühlsam: »Dreh di amol andersrom, no wird dei Büggele ao warm.«

Aber auch kritisch, auf eine das Brennen des Feuers betreffende, vielleicht etwas einfältige Frage meinerseits: »Uff saudomme Froga geb i koi Antwort!«

Mit diesen und ähnlichen Kommentaren zu einer durchaus alltäglichen, jedoch von der Stimmung her sehr eindrucksvollen Gegebenheit erschlossen sich mir die ureigensten Wesenszüge meines Vaters und brachten mir seine Person sehr nahe.

Wenn schließlich das letze Fünkchen des Feuers verglüht und tatsächlich nur noch das besagte klägliche Häufchen Asche übrig geblieben war, wandte sich mein Vater ab vom Ort des Geschehens mit der Bemerkung: »So, jetzt wär des ao erledigt«, und entließ mich damit aus unserem gemeinsamen »Dunst«-Kreis.

Ich aber verteilte noch die im Hintergrund vergessenen, Spalier stehenden, leeren Papierkörbe an ihre angestammten Plätze im Haus und wandelte dabei in seltsam entrücktem Zustand treppauf und treppab.

Bekannte und Weggefährten denken zurück

Friedrich E. Vogt als Lehrer

Von Manfred Beilharz

Friedrich E. Vogt war ein anregender Pädagoge. Ich hatte ihn am damaligen Goldberg-Gymnasium Böblingen/Sindelfingen in Deutsch und Englisch, teilweise auch in Französisch. Man konnte sicher sein: Ein Drittel der Schulstunde verging mit dem Erzählen von Anekdoten, in denen Friedrich E. Vogt meist eine Hauptrolle spielte. Er war der Held, der Abenteuer bestand oder sportliche Hochleistungen vollbrachte. Er führte große Worte im Mund: mit wie wenig Arbeit, allein gestützt auf die angeborene menschliche Intelligenz, man schulische Höchstleistungen erbringen konnte – wenn man nur bereit war, sein Hirn entsprechend zu benutzen. Diese Methode übertrug er auf die verbleibenden zwei Drittel der Unterrichtsstunde. Fuchsig machte ihn, wenn man auf eine seiner Fragen »Ich weiß nicht!« antwortete. »Setzen, Sechs!« Gab man sich jedoch Mühe, herumzuspekulieren und eine einigermaßen sinnvolle Antwort zu produzieren, konnte man noch ein »Sehr gut« bekommen, auch wenn die Antwort letzten Endes völlig falsch war. Das spornte ungemein an.

Sein pädagogischer Erfolg beruhte darauf, dass er selbstverliebt und offen parteiisch war. Wie sollte man auch jemandem nacheifern, der sich selbst nicht leiden kann? Friedrich E. Vogt legte Wert auf sein gepflegtes Äußeres, seine Kleidung, seine sportliche Figur. Eine Streichelgeste, eine Art Selbstkaressieren, war charakteristisch für ihn: Ausgehend von der Stirnmitte am Haaransatz glitten Daumen und Zeigefinger seiner rechten Hand, mit einem Zentimeter Zwischenraum, genussvoll über seine Nasenwurzel, den Nasenrücken, strichen über die beiden Mundwinkel und das Kinn und setzten ihren Weg am Hals über den Adamsapfel zum Hemdausschnitt fort, während der Kopf sich hierbei langsam in den Nacken legte. Das konnte in einer Schulstunde bis zu zehnmal beobachtet werden – beim Zuhören, beim Denken, in einer Kunstpause ...

Einige hielten ihn für eitel. Ich glaube jedoch, dass er sich bewusst in den Mittelpunkt spielte, damit man gezwungen war, sich mit ihm zu beschäftigen – und mit dem Stoff, den er glänzend beherrschte. Es war ein Genuss, bei ihm Fremdsprachen zu lernen – seine Aussprache des Englischen und Französischen war so musikalisch, dass man die Texte unbedingt nachsingen wollte. Schule interessierte ihn nur, solange sie spannend war. Hingen er oder die Schüler mal durch, beendete er den Unterricht vorzeitig und schickte uns in die Pause – oder nach Hause.

Beim Lehrer-Kollegium war er deshalb nicht nur beliebt. Niemand konnte ihm seine Fachkompetenz absprechen. Über den schulischen Bereich hinaus forschte er (sehr intuitiv) im Bereich Etymologie und hatte Erfolge. Wissenschaftlich anspruchsvolle Lautgesetze erläuterte er sehr plastisch: Begeisterung rief er bei den Klassenkameraden von außerhalb hervor, als er das Gesetz der »Metathesis« (Lautverwechslung) mit dem Beispiel »Pulver« (deutsches

Friedrich E. Vogt trägt bei einer seiner zahlreichen Veranstaltungen aus seinem Buch »So ischs!« vor, Dezember 1978.

Friedrich E. und Erika Vogt, Mitte der Siebzigerjahre

Lehnwort aus dem Lateinischen) und seiner Lautveränderung zu »Purvel« im schwäbischen Gäu-Dialekt veranschaulichte.

Ich selbst verdanke ihm sehr viel. Das Goldberg-Gymnasium hatte damals ja schon einige schillernde Vögel als Lehrer: Erich Wessels, den Kunstmaler der »Brücke«, als Zeichenlehrer, den ehemaligen Reichsheeresmusikoffizier Schwander als Musiklehrer, den Französischlehrer und Tucholsky-Fan Schmied als Erzieher zum Unkonventionellen, den wunderbaren Geschichtslehrer Kieser, der ein waches politisches Bewusstsein bei seinen Schülern provozierte und viele andere. Friedrich E. Vogt ging noch weiter. Bei ihm konnte man in Deutsch lange Gedichte nicht nur interpretieren, sondern auch erstellen. Die beste Note erhielt, wer englische impressionistische Gedichte (auch das gibt's) plastisch ins Deutsche übertrug. Er vermittelte: Schule kann Spaß machen, und: Das eigentliche Abenteuer fängt erst jenseits des Schulstoffs an. Und – was für mich wichtig war: Kunst ist wichtiger als das Gegenteil. Wer, wie ich, mit 17 Jahren Molières »Geizigen« in einer Schultheateraufführung bewältigte, hatte bei ihm einen Sonderstatus und das Glück, eine detaillierte und sehr sachgerechte Schauspielkritik zu erfahren, die sich wohltuend von dem undifferenzierten Jubel abhob, den meine Darstellung ansonsten hervorrief. Ich fühlte mich nicht geschmeichelt, aber ernst genommen.

Friedrich E. Vogt und mein älterer Bruder Richard – auch ein Goldberg-Gymnasiast – haben früh in mir das Gefühl geweckt, dass es sich lohnt, sich mit Kunst zu beschäftigen.

Friedrich E. Vogt und die Neue deutsche Mundartdichtung

Von Wilhelm König

Friedrich E. Vogt lebt vor allem in der Arbeit der am 17. Dezember 1978 in Reutlingen gegründeten Mundartgesellschaft Württemberg e. V. (damals noch »Gsellschaft zor Ferderong der Mundart en Wirrdabärg«) fort. Diese erste Vereinigung von Mundartautoren und Mundartfreunden in Württemberg verlieh dem Stuttgarter Mundartdichter und Mundartforscher 1983 als Erstem die Ehrenmitgliedschaft und stiftete am 5. Juli 1985, aus Anlass seines 80. Geburtstags, die Friedrich-E.-Vogt-Medaille für Verdienste um die schwäbische Mundart.

Damit würdigte man Vogts eigene »Verdienste um die schwäbische Mundart und Mundartdichtung sowie um die Erforschung und Pflege der Volkssprache«, wie es in der Stiftungsurkunde heißt. Die erste dieser Auszeichnungen ging am 15. November 1986 an den Reutlinger Buchhändler und Verleger Karl Knödler. Bei Knödler waren ab 1975 die ersten Bücher einer neuen und kritischen schwäbischen Mundartdichtergeneration erschienen, mit denen sich Friedrich E. Vogt, der über 40 Jahre älter war als die jüngsten Vertreter, sofort verbunden fühlte.

Eine erste gemeinsame Veranstaltung mit den jüngeren Kollegen fand am 11. Juni 1975 im Rahmen der Reihe »Autoren-Lesung. Mundartdichter lesen aus ihren Werken« der Landessparkasse Girokasse in Biberach an der Riß statt. Neben Friedrich E. Vogt traten die Alemannen Manfred Bosch und Bruno Epple auf sowie der Württemberger Wilhelm König, der mit der Organisation dieses mundartliterarischen Aufbruchs im Land betraut wurde. Weitere Stationen – mit anderen Namen um Vogt und König – waren Böblingen (30. September 1975) und Ludwigsburg (26. November 1975). Am 17. Februar 1976 präsentierte man sich bei den 1. Reutlinger Mundart-Wochen vor einem jüngeren, großen Publikum.

Bis 1981 besuchte Vogt mehrmals Reutlingen, sei es zu Lesungen, Vorträgen, Diskussionsrunden oder Ausstellungseröffnungen. Immer war er der Zuhörer, der Redner, die lebendige Brücke zwischen Altem und Neuem, Vermittler dessen, was außerhalb des Schwäbischen längst die Runde durch die verschiedenen deutschen Mundartregionen gemacht hatte und machte: der Neuen deutschen Mundartdichtung.

Vogt liest »Übers Älterwerda«, 1990

Bereits in den sechziger Jahren hatte Friedrich E. Vogt die Arbeiten der Wiener Gruppe um H. C. Artmann und Gerhard Rühm kennen gelernt und ihre Neuerungen auf das Schwäbische zu übertragen versucht. Die jüngeren schwäbischen Schreiber um ihn herum (es tauchten zu dieser Zeit noch keine Frauen auf) waren nun seine Partner. Eine Art Wettstreit entstand; in jedem folgenden gemeinsamen Auftritt konnte man die Entwicklungen hören oder in einem neuen, bei Knödler oder im Selbstverlag erschienenen Werk nachlesen. Viele Jahre konnte man sich der Aufmerksamkeit einer begeisterten Zuhörerschaft quer durch das Land sicher sein. Auch der professionellen, begleitenden Kritik in den Medien!

Es war dieses Zusammenspiel zwischen Autor, Publikum und Medien, das die siebziger (und noch die achtziger) Jahre im ganzen Südwesten – und darüber hinaus – so einmalig macht. Talente zeigten und entwickelten sich; freilich endeten hier bereits auch Hoffnungen! Und es kam sozusagen nichts Aufregendes mehr nach, trotz weiterer Wettbewerbe – der wichtigste 1978 von Landespavillon und Stuttgarter Nachrichten ausgeschrieben – nach dem entscheidenden Mundart-Lyrik-Wettbewerb des Süddeutschen Rundfunks von 1974, der die Geister weckte.

Die Neuerungen in der deutschen Mundartdichtung, die Friedrich E. Vogt in unserem Raum als Erster aufnahm, waren das Spiel – das Spiel mit Wörtern und Vokalen – sowie Überlegungen zur Schreibweise und zur Reimlosigkeit: alles Dinge, die der alten schwäbischen Mundartdichtung (mit wenigen Ausnahmen wie dem Werk des Tübinger Dichters und Sprachgelehrten Karl Moritz Rapp, 1803–1883) fremd waren.

Neben Vogt – oder schon in jungen Jahren mit ihm, ebenfalls in Kenntnis der Vorgänge in Wien, in der Schweiz und in Bayern (und wohl auch der Experimente von Moritz Rapp) – war Peter Schlack, gleichfalls Stuttgarter, geboren 1943, mit dem Verfassen neuer, sprachspielerischer schwäbischer Texte beschäftigt. 1973 veröffentlichte er im Eigenverlag unter dem Titel »Urlaut« seine erste Sammlung. »Die Schreibweise«, erklärt Norbert Feinäugle (Jahrgang 1943), wissenschaftlicher Begleiter der jungen Szene von Anfang an, in einer Neuauflage von »Urlaut« 1983, »stellte in ihrer versuchten Lauttreue eine Provokation dar, gab aus heutiger Sicht jedoch erst einen kleinen Vorgeschmack dessen, was die neue Mundartdichtung in den folgenden Jahren brachte.«

Weitere Namen, die ebenfalls an der Neupositionierung der schwäbischen Mundartdichtung, mit Einbeziehung der Vorgänge außerhalb des eigenen Sprachraums, mitgewirkt haben, sollten hier genannt werden. Sie müssen sich in einer neuen »Geschichte der schwäbischen Dialektdichtung« finden, von der um Vogt und Feinäugle immer wieder die

Der Schauspieler Oscar Heiler, der Journalist Hermann Freudenberger und Friedrich E. Vogt (von links) bei der Buchpremiere von »Schwäbisch in Laut und Schrift« im Antiquariat J. F. Steinkopf, Stuttgart, 1977

Rede war. Doch man wollte sich Zeit lassen. Die letzte »Geschichte« erschien bekanntlich 1896; ihr Verfasser hieß August Holder. Keine Zeit lassen wollte sich Friedrich E. Vogt mit einer Zusammenfassung dessen, was formal und inhaltlich bis dahin erreicht war, und veröffentlichte 1977 seine »ergründende und ergötzliche Sprachlehre – Schwäbisch in Laut und Schrift«, kurz »schwäbische Grammatik« genannt.

Das »i« – ein Kosmos

Von Uta Schlegel-Holzmann

Das Bild vom Poeten im Garten bleibt mir für immer haften. Da sitzt er auf seiner Bank, im Baum lärmen Vögel, die Natur feiert ihre hohe Zeit des Reifens, und sein Blick geht über das Grün hinaus ins Weite, um dort, wie es scheint, den ganzen Kosmos seines Schaffens abzuschreiten. Ein Wanderer, der sich dem Ziel nahe weiß, gewährt den Erinnerungen Audienz.

In jenen Tagen erhebt er ein letztes Mal die Stimme des Dichters. Unter einem trotzig auftrumpfenden Titel bündelt er sein Wissen von den Menschen im Allgemeinen und den Schwaben im Besonderen in ein kleines Alterswerk. »I sag mei Sach.« Das war vor dem Abgang einfach noch nötig.

Das »I« steht in diesem Fall natürlich für die Person des Friedrich E. Vogt. Zugleich drückt dieser gotzige Buchstabe freilich auch etwas Allumfassendes aus: einen schwäbischen Kosmos. Für die Philosophen ist ja nichts rätselhafter als das eigene Ich, ein Mysterium, ein komplexes wie kompliziertes System, und nicht anders verhält es sich mit diesem so vieldeutigen »I«. Im günstigsten Fall steht es für das i-Tüpfelchen der Schöpfung. Trefflich erlebte ich diesen auf ein minimales Zeichen reduzierten Kosmos bei einem Kollegen, der sich bei Anrufen stets so meldete: »I bens.«

Aber wehe dem Schwaben, der in einer Anwandlung von Nobel-Tun und Stammesverleugnung das »I« hochsprachlich aufmotzte! Solches empfand Vogt, der ja zeitlebens den Dialekt als eine Lebensader des Stammes am Pulsieren hielt, schlichtweg als Sünde wider die Mundart, die er unbarmherzig zu geißeln hatte. Das sei doch »nicht echt«, belehrte er mich einmal mit seiner steilen Schrift, als

Seit 1997 verbindet das Friedrich-E.-Vogt-Stäffele, am Mörike-Gymnasium entlang, die Hohenzollern- mit der Mörike- und der Arminstraße im Stuttgarter Süden. Die Treppenanlage liegt zwischen der Oscar-Heiler- und der Willy-Reichert-Staffel.

ich den damaligen Stuttgarter Oberbürgermeister Manfred Rommel in einer Zeitungsgeschichte hatte »ich« sagen lassen. Ich möge den Herrn OB korrekt zitieren, riet Vogt in seiner Protestnote.

Nichts anderes hatte ich getan. Denn Rommel, Schwabe und gleichfalls Poet dazu, also Stammesvetter im doppelten Sinne, hatte mitunter – Tribut an das Amt – einen verzeihlichen Hang zum Honoratiorenschwäbisch, also in Richtung Hochsprache. »Manchmal«, rechtfertigte er sich auf meinen Hinweis, dass der Herr Dr. Vogt gebruddelt habe, »versuche ich mich vornehmer zu geben, als ich in Wirklichkeit bin.« Und in solchen Anfällen von Weltläufigkeit sage er dann eben »ich« statt »i«. Zugleich erbat Rommel die Gnade des zu Recht strengen, weil eben auch wissenschaftlich kompetenten Mundartwächters, der »den Dialekt philologisch festgeschrieben« habe. Schließlich wusste er, dass Vogt seine Hartnäckigkeit um der Sache willen betrieb, nicht aus purer Rechthaberei, und somit zum Wohle des kompletten Stammes. Aber er, Rommel, müsse sich halt ab und zu einer »allseits verständlichen« Sprache bedienen. »Die Norddeutschen verstehen ja oft das Schwäbische auch in milder Form nicht.« Und zum Trost für Vogt verwies er auf die emotionale Kraft des Buchstabens: »I« sage er meist nur, »wenn ich erregt bin«.

Diesen Zustand löste ich bei Friedrich E. Vogt später noch mit einer anderen Geschichte aus. Sie handelte vom Stuttgarter Pferdle, also jener Werbefigur, die bekanntermaßen im Gespann mit einem schwäbischen Affen auftritt. Ein Pferdle gebe es bei uns nicht, das heiße Rössle, belehrte mich der Dichter. Und der Einwand, dass der kleine Werbediensgaul ja nun nachweislich nicht meine Erfindung sei, kümmerte ihn wenig. Als Lokalpoet wie als Lokalpatriot konnte er die Verkasperung des Wappentieres einfach nicht dulden.

Wenn ich den Herrn Vogt jetzt noch einmal in einer stillen Stunde in seinem Garten besuchen könnte, müsste ich ihn unbedingt um Nachsicht bitten, denn die Umbenennung des Tiers ist mir nicht gelungen. Aber er ist ja längst über die steile Stuagerter Stäffela hinaus in höhere Sphären gestiegen, wo er wohl nicht zu erreichen ist. Gern würde ich ihm auch klagen, dass sein so sorgsam versehenes Wächteramt des Sprachhegers immer noch keinen Erben hat. Aber vielleicht würde er darüber zornig, womöglich donderschlächtig. Und das täte der ewigen Ruhe sicher nicht gut.

Anhang

Quellen

Genauere Angaben zu den Büchern von Friedrich E. Vogt findet man im Abschnitt »Bibliographie«.

Seite 9/10: Originalbeitrag.
Seite 12 bis 19: Poetisches Schwabenelixier
Seite 20 und 22 bis 26: Schwäbisch, gewürzt und gespickt
Seite 27 und 28: sauer-süeß
Seite 29 bis 35: Schwäbisch mit Schuß
Seite 36 bis 44: Originalbeitrag von Hanno Kluge und Hermann Walz, Quellenangaben zu den darin zitierten Texten von Friedrich E. Vogt finden sich dort
Seite 45 bis 50 und 59: Schwabenfibel
Seite 51/52 oben: Bsonders süffige Tröpfla
Seite 52 unten bis 57 und 60 bis 62: Täätschzeit
Seite 63 bis 69: schwäbische spätlese in versen
Seite 70 bis 74: so ischs!
Seite 75 bis 83: Wemmer mih fròga däät ...
Seite 84 und 85: Kurz, knitz ond gschliffa
Seite 86 bis 91 oben: Übers Älterwerda
Seite 91 unten bis 94: I sag mei' Sach!
Seite 97/98: Die Mundart von Deufringen und Umgebung nach Lauten und Flexion
Seite 101 bis 103 oben: Werbezettel, Privatdruck, nach 1981
Seite 103 unten bis 111: Aus dem Nachlass
Seite 112 bis 119: Warum im Dialekt? Interviews mit zeitgenössischen Autoren. Herausgegeben von Gerhard W. Baur und Hans-Rüdiger Fluck. Francke Verlag, Bern und München 1976, Seite 191-198 (hier stark gekürzt). Abdruck mit freundlicher Genehmigung des Francke Verlags, Tübingen.
Seite 121 bis 159: Originalbeiträge

Der Abdruck sämtlicher Texte aus Büchern, die im Verlag Karl Knödler erschienen sind, erfolgt mit freundlicher Genehmigung des Knödler-Verlags, Reutlingen.

Bibliographie

Selbständige Veröffentlichungen

Die Mundart von Deufringen und Umgebung nach Lauten und Flexion. Inaugural-Dissertation zur Erlangung der Doktorwürde einer Hohen Philosophischen Fakultät der Universität zu Tübingen vorgelegt von E. Friedrich Vogt aus Stuttgart. – VI, 40 Seiten, eine beigebundene, ausklappbare Karte, kartoniert. Ohne Verlag, 1931.
Poetisches Schwabenelixier. Heitere und besinnliche Mundart-Gedichte. Mit Illustrationen von Georg Koschinski. 88 Seiten, Pappband. Bechtle Verlag, Eßlingen [am Neckar] 1953. [Der Autorenname lautet auf dem Haupttitel: Riedrich E. Vogt.] (2. Auflage, kartoniert, 1953.)
allerlei Schwäbisches. Gedichte in Stuttgarter Mundart. 64 Seiten, kartoniert. Adolf Bonz & Co. Verlag, Stuttgart 1961. (2. Auflage 1963; 3. Auflage 1965.)
Schwäbische Delikatessen. Poetisch serviert in Stuttgarter Mundart. 64 Seiten, kartoniert. Verlag Adolf Bonz & Co., Stuttgart 1964. (2. Auflage 1965.)
Schwäbisch, gewürzt und gespickt. Gereimtes und Ungereimtes zum Vortragen. 64 Seiten, Pappband. Verlag Adolf Bonz & Co., Stuttgart 1965.
sauer-süeß. Schwäbische Gedichte und Geschichten. 64 Seiten, kartoniert. Verlag Adolf Bonz & Co., Stuttgart 1966.
Bsonders süffige Tröpfla. Die Schwaben und ihre Mödele' – auf die Schippe genommen. 64 Seiten, englisch broschiert. Verlag Adolf Bonz & Co., Stuttgart 1970. (Neuausgabe: Verlag Karl Knödler, Reutlingen 1974.)
schwäbische spätlese in versen. 53 Blatt, Halbleinen. Horst Bissinger Verlag, Magstadt 1970. [»einmalige, numerierte ausgabe« in vermutlich 1000 Exemplaren, vom Autor signiert.] (Im Format geänderte Neuausgabe [»2. Auflage«]: 80 Seiten, Pappband; Verlag Karl Knödler, Reutlingen 1974.)

Schwäbisch auf deutsch. Herkunft und Bedeutung schwäbischer Wörter. 80 Seiten, Pappband. Verlag F. Bruckmann, München 1973. (2., erweiterte und vom Autor durchgesehene Auflage, 112 Seiten, 1979. Neuausgabe [»3. Auflage«], Verlag Karl Knödler, Reutlingen 1987.)

Täätschzeit. Ein schwäbisches Schmunzelbuch für Seniorinnen und Senioren. 64 Seiten, Pappband. Verlag Karl Knödler, Reutlingen 1973. (2. Auflage 1975, 3. Auflage 1978, 4. Auflage 1985.)

Schwäbisch mit Schuß. Heiter-unbeschwerte Plaudereien. 144 Seiten, Pappband. Verlag Karl Knödler, Reutlingen 1974. (2. Auflage 1979.)

En sich nei'horcha. Schwäbische Auslese – poetisch gekeltert. 80 Seiten, kartoniert. Verlag Karl Knödler, Reutlingen 1975.

Schwäbisch in Laut und Schrift. Eine ergründende und ergötzliche Sprachlehre. 192 Seiten, Pappband mit Schutzumschlag. J. F. Steinkopf Verlag, Stuttgart 1977. (2. Auflage 1979.)

So ischs! Schwäbische Auslese – poetisch serviert. 80 Seiten, Pappband. J. F. Steinkopf Verlag, Stuttgart 1978.

Wemmer mih fròga däät ... Schwäbisch pariert. Mit einem Vorwort von KNITZ [= Hermann Freudenberger]. 80 Seiten, Pappband. J. F. Steinkopf Verlag, Stuttgart 1982.

Schwabenfibel. Eine Auslese aus drei Jahrzehnten. 256 Seiten, Pappband. Verlag Karl Knödler, Reutlingen 1982. (Mit Vignetten von Friedrich E. Vogt und einem Vorwort von Thaddäus Troll.)

Die kleine Menagerie. und andere heitere Verse. Mit einem Nachwort von KNITZ [= Hermann Freudenberger]. Zeichnungen von Gisela Knoblauch. 64 Seiten, Pappband. J. F. Steinkopf Verlag, Stuttgart 1985.

Kurz, knitz ond gschliffa. Ein gestandener Schwabe packt aus. 64 Seiten, Pappband. J. F. Steinkopf Verlag, Stuttgart 1990.

Übers Älterwerda. Mit Zeichnungen von Martin Pfaender. 24 Seiten, geheftet mit Schutzumschlag. Privatdruck, Stuttgart 1983. (2. Auflage 1994.)

I sag mei' Sach! Schwäbisch-bissige Kommentare zu gängigen Aussagen. 156 Seiten, kartoniert. Silberburg-Verlag, Tübingen 1995. (2. Auflage 1995.)

Theaterstück

»Um Freiheit, Recht und Ehr«, Volksschauspiel in 11 Szenen um die Bauernschlacht bei Böblingen/Sindelfingen anno 1525. Mitverfasser: Karl Bauer. Wilhelm Schlecht'sche Buchdruckerei, Böblingen 1953 (Uraufführung: 1953 in Böblingen.)

Herausgabe

Oberdeutsche Mundartdichtung. 72 Seiten, geheftet. Ernst Klett Verlag, Stuttgart 1968.

Tondokumente

So sprachen die Waldenser. Sprecher: Abkömmlinge der Waldenser und Friedrich E. Vogt, begleitet vom piemontesischen Waldenserchor. 1 Langspiel-Schallplatte. Verlag Arno Graul, Mühlacker 1965.

Typisch schwäbisch. Friedrich E. Vogt spricht, begleitet von Männerchor und Hammond-Orgel. 1 Langspiel-Schallplatte. Verlag Arno Graul, Mühlacker 1967. (Langspielschallplatte Nummer 714.)

Schwäbisch mit Schuss. Autorenlesung. 1 Tonkassette (65 Minuten). Erich Schumm GmbH, Murrhardt o. J. (ca. 1980) (Schumm sprechende Bücher, Nummer 1231.)

Schwäbische Delikatessen. Autorenlesung. 1 Tonkassette (55 Minuten). Erich Schumm GmbH, Murrhardt o. J. (ca. 1980) (Schumm sprechende Bücher, Nummer 1232.)

Täätsch-Zeit. Autorenlesung. 1 Tonkassette (60 Minuten). Erich Schumm GmbH, Murrhardt o. J. (ca. 1980) (Schumm sprechende Bücher, Nummer 1233.)

Noten

Grüaß Gott. Musik: Alfons Scheirle. Text: Friedrich E. Vogt. Partitur (1 Blatt) für vierstimmigen Männerchor; Aufführungsmöglichkeiten: a cappella oder mit Klavierbegleitung. Verlag Löffler, Plochingen 1983.

Vertonungen auf Tondokumenten

»Dia steile Stuagerter Stäffela«, Musik: Hermann Schwander, Text: Friedrich E. Vogt, Interpret: Oscar Müller
- Single-Schallplatte, Verlag Intercord, Stuttgart.
- begleitet vom Trio Walter Dürr, auf der Langspielplatte »Onser Stuagert«, Elite Special, PLPS 30 050
- sowie auf der Langspielplatte »7 Schwaben singen aus ihrem Ländle«, Elite Specia, SOLP 382.
- auf der CD »Echt schwäbisch Nr. 6 – Schaffe, schaffe, Häusle baue!«, Mäule & Gosch Tonträgervertrieb, Kornwestheim (Buchhandelsvertrieb: Silberburg-Verlag, Tübingen; MG 81127, ISBN 3-87407-476-5).
- auf der CD »Oscar Müller und seine Lieder. 80 Jahre Schwabe«, Mäule & Gosch Tonträgervertrieb, Kornwestheim (Buchhandelsvertrieb: Silberburg-Verlag, Tübingen; MG 10072, ISBN 3-87407-467-6).

»Ja, bei ons wird gschafft«, Musik: Hermann Schwander, Bearbeitung: Erich Hermann, Text: Friedrich E. Vogt, Interpret: Rundfunkfritzle (Erich Hermann), Erstaufführung: 1954
- in zwei Versionen auf der CD »Rundfunk Fritzle – Lieder, Sketche & Witze II mit bisher unveröffentlichten Live- und Studioaufnahmen. Erich Hermann – Meister der Mimik und Stimme«, und zwar als Liveaufnahme von 1955 und als Studioaufnahme von 1959, Begleitung am Flügel: Wolfgang Geri, Mediaphon-Madacy Entertainment, Leinfelden-Echterdingen 1998 (Buchhandelsvertrieb: Silberburg-Verlag, Tübingen; MED 82.118, ISBN 3-87407-453-6).
- Studioaufnahme von 1959 auf der CD »Rundfunk Fritzle – Lieder, Sketche & Witze. Erich Hermann – Meister der Mimik und Stimme«. Reihe »sing mit«. G&L Musik, Ludwigsburg 1994 (Vertrieb: Mäule & Gosch Tonträgervertrieb, Kornwestheim; Buchhandelsvertrieb: Silberburg-Verlag, Tübingen; SM-90 30 54, ISBN 3-87407-430-7).

- Studioaufnahme auf der CD »Echt schwäbisch Nr. 5 – Ha do guck na!«, Mäule & Gosch Tonträgervertrieb, Kornwestheim (Buchhandelsvertrieb: Silberburg-Verlag, Tübingen; MG 10074, ISBN 3-87407-474-9).

»'s Bänkle vor 'em Haus«, Musik: Hermann Schwander, Bearbeitung: Erich Hermann, Text: Friedrich E. Vogt, Interpret: Rundfunkfritzle (Erich Hermann), Erstaufführung: 1954
- Aufnahme von 1971 auf der CD »Rundfunk Fritzle – Lieder, Sketche & Witze II mit bisher unveröffentlichten Live- und Studioaufnahmen. Erich Hermann – Meister der Mimik und Stimme«, Mediaphon-Madacy Entertainment, Leinfelden-Echterdingen 1998 (Buchhandelsvertrieb: Silberburg-Verlag, Tübingen; MED 82.118, ISBN 3-87407-453-6).

»Der Fernsehturm«, Musik: Hermann Schwander, Bearbeitung: Erich Hermann, Text: Friedrich E. Vogt, Interpret: Rundfunkfritzle (Erich Hermann)
- Aufnahme von 1957 auf der CD »Rundfunk Fritzle – Lieder, Sketche & Witze II mit bisher unveröffentlichten Live- und Studioaufnahmen. Erich Hermann – Meister der Mimik und Stimme«, Mediaphon-Madacy Entertainment, Leinfelden-Echterdingen 1998 (Buchhandelsvertrieb: Silberburg-Verlag, Tübingen; MED 82.118, ISBN 3-87407-453-6)
- in einer längeren Aufnahme von 1957 (5:33 statt 4:15 Minuten), auf der CD »Rundfunk Fritzle – Lieder, Sketche & Witze. Erich Hermann – Meister der Mimik und Stimme«. Reihe »sing mit«. G&L Musik, Ludwigsburg 1994 (Vertrieb: Mäule & Gisch Tonträgervertrieb, Kornwesthcim; Buchhandelsvertrieb: Silberburg-Verlag, Tübingen; SM-90 30 54, ISBN 3-87407-430-7).

»Nesenbachlied«, Musik: Hermann Schwander, Text: Friedrich E. Vogt, Interpret: Rundfunkfritzle (Erich Hermann)
- Aufnahme von 1954 auf der CD »Rundfunk Fritzle – Lieder, Sketche & Witze. Erich Hermann – Meister der Mimik und Stimme«. Reihe »sing mit«. G&L Musik, Ludwigsburg 1994 (Vertrieb: Mäule & Gosch Tonträgervertrieb, Kornwestheim; Buchhandelsvertrieb: Silberburg-Verlag, Tübingen; SM-90 30 54, ISBN 3-87407-430-7).

»Schwäbische Vereinsmeierei«
- auf der Schallplatte »Willy Reichert führt durch das Schwabenland« (restlicher Text: Heinz Hartwig, Sprecher: Willy Reichert], 1 Schallplatte mit 32 Farbdiapositiven, Cotta Verlag, Stuttgart 1963 (»Cotta-Tonbildschau«)

Internet (Stand: 15. März 2005)

Gedicht **»Schwäbische Speisekarte«**
- www.petermangold.de/schwab16.htm
- www.stuttgarter-zeitung.de/forum/viewtopic.php?topic=6183&forum=9&start=15&26
- www.kochen-und-geniessen.de/phpBB/viewtopic.php?topic=7179&forum=1&start=180&184
- www.treppap.de/spez/Die%20schwaebische%20Kueche.html
- www.s-i-r.de/forum/viewtopic.php?topic=5837&forum=9&28
- http://euromaus.eu.funpic.de/rezepte.html
- http://home.arcor.de/rezepte/schwaben.htm

Gedicht **»Legende vom schwäbischen Most«**
- www.texasmaedle.com/Gedichte/Dr_Moscht.html
- www.beepworld.de/members37/annascheifele/schwaebischeanekdoda.htm
- http://wildbad-bilder.gmxhome.de/id14.htm

Gedicht **»Schwäbische Nasalitis«**
- www.kommunal-fahrzeuge.de/inhalt/gedankenecke/kleines.htm

Gedicht **»Durchwachsa!«**
- www.kehosoft.de/mbnr02.doc

Beiträge in Büchern und Periodika

hat Friedrich E. Vogt in so großer Zahl verfasst, dass sie an dieser Stelle nicht aufgeführt werden können.

Nachlass

Stadtarchiv Stuttgart
Stadtarchiv Böblingen
Zentrales Württembergisches Mundartarchiv, Bad Schussenried

Die Autoren

Dr. Manfred Beilharz
geboren 1938 in Böblingen, hat 1953 im Alter von 15 Jahren bei der Aufführung des Bauernkriegsstückes »Um Freiheit, Recht und Ehr« von Friedrich E. Vogt und Karl Bauer mitgewirkt. Er studierte Germanistik, Theaterwissenschaft und Jura in Tübingen und München und promovierte 1967 in Theater- und Urheberrecht. Bereits während des Studiums gründete er – unter anderem mit Peter Stein und Otto Sander – die Studiobühne der Universität München. Es folgten eine Regieassistenz an den »Münchener Kammerspielen« und Studienaufenthalte in Paris und London. 1968 wurde Beilharz Oberspielleiter und Chefdramaturg am Westfälischen Landestheater, Castrop-Rauxel. Zwei Jahre darauf übernahm er die Intendanz des Landestheaters Tübingen (LTT), 1976 wurde er Intendant des Stadttheaters Freiburg im Breisgau, 1983 des Staatstheaters in Kassel, 1992 des Schauspiels Bonn und 1997 Generalintendant des Theaters der Bundesstadt Bonn (unter Einschluss der Oper und der Tanzsparte). Seit 2002 ist Manfred Beilharz, der etwa fünfzig Stücke und Opern selbst inszenierte, Intendant des Hessischen Staatstheaters Wiesbaden und Künstlerischer Leiter der Theaterfestivals »Internationale Maifestspiele« und »Neue Stücke aus Europa – Theaterbiennale«. Er ist Präsident des Internationalen Theaterinstituts (ITI), Paris und Berlin, Vorsitzender der Dramaturgischen Gesellschaft, Berlin, Mitglied der Europäischen Theaterkonvention, Paris/Brüssel, und Vizepräsident der Hessischen Theaterakademie, Frankfurt am Main.

Margit Beilharz-Homann
geboren 1939 in Stuttgart als erstes Kind von Friedrich E. Vogt. Aufgewachsen in Böblingen. Sie war 35 Jahre lang Lehrerin im Grund-, Haupt- und zuletzt auch Realschulbereich der jetzigen Geschwister-Scholl-Schule in Tübingen. Lebt in Tübingen und Ligurien/Italien.

Hanno Kluge
geboren 1945 in Sindelfingen, ist in Böblingen aufgewachsen und lebt heute in Böblingen-Dagersheim. 1966 legte er am Goldberg-Gymnasium Sindelfingen, an dem auch Vogt unterrichtete, das Abitur ab. Kluge ist Lehrer an der Sprachheilschule Sindelfingen. Seit 1980 beschäftigt er sich dichtend mit der schwäbischen Mundart, in

der er zwischenzeitlich sieben Bücher publiziert hat, zuletzt »Kommet noh rei!« (2004). 2002 wurde er mit dem Sebastian-Blau-Preis ausgezeichnet.

Wilhelm König
geboren 1935 in Tübingen, ist gelernter Schreiner. Bei einem Betriebsunfall verlor er die linke Hand. 1961 schulte er in Heidelberg zum Technischen Zeichner um; 1963/64 studierte er am Institut für Literatur »Johannes R. Becher« in Leipzig. Später arbeitete er auch als Kaufmännischer Angestellter und Verlagslektor. Seit 1958 veröffentlicht König literarische Texte in Hochdeutsch und Schwäbisch, seit 1975 organisiert er literarische Veranstaltungen in Baden-Württemberg und darüber hinaus; am bekanntesten sind die »Reutlinger Mundart-Wochen«. 1978 gründete er die Mundartgesellschaft Württemberg e. V., deren Vorsitzender er bis heute ist. Seit 1980 gibt König die Zeitschrift für Mundart »schwädds« heraus. Er wurde unter anderem mit dem Ludwig-Uhland-Preis ausgezeichnet und lebt heute in Reutlingen und Bad Schussenried als Leiter der dortigen Mundartbibliothek.

Dr. h. c. Senator e. h. Manfred Rommel
geboren 1928 in Stuttgart, war von 1974 bis 1996 Oberbürgermeister von Stuttgart und 1989 bis 1993 Präsident des Deutschen Städtetages. Nach dem Jurastudium in Tübingen trat der Sohn von Generalfeldmarschall Erwin Rommel 1956 als Regierungsassessor in die baden-württembergische Landesverwaltung ein. 1960 bis 1963 war Rommel persönlicher Referent des damaligen Innenministers Hans Filbinger, 1966 sein Grundsatzreferent. 1971 wechselte er als Ministerialdirektor aus dem Staatsministerium in das Finanzministerium, wo er 1972 Staatssekretär wurde. Manfred Rommel hat zahlreiche Bücher verfasst. Zu seinen bekanntesten gehören »Abschied vom Schlaraffenland« (8. Auflage 1987), »Wir verwirrten Deutschen« (3. Auflage 1987 und Taschenbuchausgabe), seine Erinnerungen »Trotz allem heiter« (11. Auflage 2003 und 5. Taschenbuch-Auflage 2004) sowie mehrere Sammelbändchen, etwa »Manfred Rommels gesammelte Sprüche« (28. Auflage 2004). Der CDU-Politiker wurde vielfach ausgezeichnet, so mit der Ehrendoktorwürde der University of Missouri-St. Louis, der Maryland University und der University of Wales. Seit 1996 ist Manfred Rommel Ehrenbürger von Stuttgart. Auch im Ruhestand und trotz seiner Parkinson-Erkrankung ist er noch immer ein beliebter Redner und gefragter Autor.

Uta Schlegel-Holzmann
 geboren 1940 in Stuttgart, genießt ihren Ruhestand. Bis 2004 war die Journalistin bei den »Stuttgarter Nachrichten« Mitglied der Lokalredaktion, ab 1992 als Kolumnistin »Knitz«. Uta Schlegel-Holzmann verfasste die Bücher »Menschen aus heiterem Himmel« (1992) sowie »Kein Abend mehr zu zweit« (8. Auflage 2004), das in mehrere Sprachen übersetzt wurde.

Dr. Bernd Vogt
 geboren 1941 in Stuttgart als zweites Kind von Friedrich E. Vogt, promovierte nach dem Studium der Wirtschaftswissenschaften 1968 an der TU Berlin über »Die Integration des betrieblichen Verwaltungsprozesses und ihre Einwirkungstendenzen auf den Organisationsaufbau«. Anschließend war er bei Dr. Oetker, Bielefeld, beschäftigt, wo er vom Assistenten des Generalbevollmächtigten zum Geschäftsführer aufstieg; dabei führte er auch die Pizza ein, das heute wichtigste Produkt der Dr. Oetker Nahrungsmittel GmbH. 1978 wechselte er als Kern- und Konzern-Marketing-Direktor zum Otto-Versand nach Hamburg. Im März 2000 wurde er strategischer Berater, Chefkoordinator und Aufsichtsratsmitglied der größten Versandhandelsgruppe innerhalb der »otto group«, der 3 Suisses-Gruppe mit 40 Firmen in sieben Ländern des romanischen Europa.

Doris Vogt
 geboren 1948 in Stuttgart als drittes Kind von Friedrich E. Vogt. Aufgewachsen in Böblingen. Ausbildung zur Grund- und Hauptschullehrerin an der PH Heidelberg. Dort auch zwölf Jahre Tätigkeit an einer Privat-Sonderschule für Erziehungsschwierige. Seit 1994 ist Doris Vogt im Kreis Böblingen im Schuldienst tätig; sie wohnt in Böblingen.

Hermann Walz
 geboren 1943 in Tübingen, war bis 1996 Bürgermeister in Steinenbronn (Kreis Böblingen). Er ist Mitglied des Vereins schwäbische mund.art und dort verantwortlich für die Pflege und Organisation der Sebastian-Blau-Wettbewerbe. Seine besondere Neigung ist die Heimat- und Mundartpflege.

Friedrich E. Vogt
I sag mei' Sach!
Schwäbisch-bissige Kommentare zu gängigen Aussagen.
Das letzte Buch vom Nestor der schwäbischen Mundartdichtung.
156 Seiten. ISBN 3-87407-212-6.

's menschelet
Schwäbische Geschichten und Gedichte
Ein reizvolles, buntes Lesebuch mit neuen Geschichten und Gedichten in verschiedenen Färbungen des Schwäbischen.
Herausgegeben im Auftrag des Vereins schwäbische mund.art von Sigrid Früh. Mit einem Vorwort von Manfred Rommel.
144 Seiten, fester Einband.
ISBN 3-87407-539-7.

In Ihrer Buchhandlung.

Silberburg·Verlag